内山節と語る
未来社会のデザイン②

資本主義を乗りこえる

内山 節

農文協

東北の農家が毎年2月に開催している自主的な勉強会「東北農家の二月セミナー」。本書は、2017年、18年、19年のこの勉強会での講義を3部作として書籍化したうちの、2巻目です。

（編集部）

内山節と語る　未来社会のデザイン

2 資本主義を乗りこえる

目次

＊1などの注は、本文に関連する『内山節著作集』（農文協刊）の記述を、❶〜⓯の数字は著作集の巻数を示しています（編集部）。

序文　資本主義はどこへ行くのか

２０１８年の「東北農家の二月セミナー」では、私は、いま資本主義＝資本制商品経済をどうとらえるのかをテーマにした。

■労働の連鎖から貨幣の増殖へ

資本主義以前の経済は、労働の連鎖によって成立していた。たとえば農民の労働が作物を生産させる。その作物は仲買商や輸送にたずさわる人たちの労働によって消費地に届けられる。つづいて小売り商人や料理職人の労働、家庭での料理をつくる労働などが現われ、食品として完成していく。ここにあるのは労働の連鎖である。それが結果としては経済活動を成立させた。このことはどのような分野でも同じであって、たとえば山での伐採労働から大工さんへの労働の連鎖が建築の世界を支えていたように、である。

経済の土台には、新しい価値を生みだす労働がある。そう感じられていたから、ウイリアム・ペティからアダム・スミス、リカードゥ、マルクスといった古典経済学の担い手たちは労働価値説を唱道していた。

この構造は今日でも変わることはない。だが資本主義のメカニズムはこれとは異なっている。資本主義の出発点にあるのは労働ではなく貨幣である。その貨幣をどのようにして増殖させるのか。資本主義の原理はこの単純なメカニズムでしかない。だから資本主義は、その担い手たちの心情とも、ときに食い違う。人間たちの世界では、自分なりの理念をもっている経営者もいるし、仕事に対するこだわりをもつ労働者もいる。だが資本主義の原理はそんなことは問題にしない。課題は貨幣の増殖であり、その手段としての資本の拡大再生産なのである。だから貨幣の増殖に失敗すれば、市場から退出させられることになる。この単純な原理のなかには、倫理観や人間性は存在しない。ただし、経営に対する倫理観などが貨幣増殖にとって有効な機能を発揮するかぎりにおいては、ときにそれが賞賛されるだけである。

■資本主義は矛盾とともに展開した

ところが1917年にそうは言っていられない事態が発生した。ロシア革命が実現したのである。それは全世界の資本主義の信奉者たちに恐怖を与えた。貨幣の増殖を自己目的化した資本主義は、革命によって倒される可能性があることが証明されたのである。そしてこの頃から、資本主義は軌道修正を図るようになる。国家は資本主義をときに統制し誘導するようになった。さまざまな社会保険、社会保障制度が整備されはじめ、労働者の権利も大幅に認められるようになる。

だがそれは、資本主義を弱体化させるものではなかった。逆に、資本主義を延命させる役割をはたしたのである。前記したように、資本主義は貨幣の増殖、資本の拡大再生産を目的にする単純な原理で動いている。そしてそれが目的であるのなら、どんな悪質な経営も許されることになる。買い占めて暴利をむさぼってもかまわないし、労働者を低賃金で働かせることもかまわない。大事なのは、自分の貨幣の増殖だけである。ところがこの目的を実現するために賃金を低下させ、労働強化を図るというようなことがすすめられれば、市場は縮小し、労働者の健康が社会問題化してしまう。個別資本としては利益になるようにみえても、総資本としてはマイナスに働き、最終的には個別資本の経営土台をも揺るがしてしまう。

資本主義は原理だけで動いていくと、3種類の問題点を生みだしながら自滅する運命にあるといってもよい。その問題点のひとつは、いま述べた資本主義の原理が市場を縮小させるということにある。第2の問題点は悪辣な経営は反資本主義の動きを拡大してしまうということであり、第3に、貨幣の増殖を目的にして展開するがゆえに、まるで貨幣が神であるかのごとく拝金主義が広がり、それが社会を荒廃させてしまうという問題である。資本主義はその原理自体が、持続性をもっていないのだと言ってもよい。

このような問題点があるから、資本主義に対抗する勢力や強い労働組合があったり、ときに協同組合的な対抗勢力が力をつけ、ときに市民や住民の動きが経営の前に立ちはだかる。そういう圧力におされて国が規制を強め、また経営者からも理想的な経営を追求する人びとが生まれてくる。そういうさまざまな反資本主義、非資本主義的な動きが資本主義の退廃に歯止めをかけ、結果的には資本主義の延命に手を貸すことになる。

資本主義は、二重の意味で矛盾を内包しているのである。ひとつに、資本主義の原理からすれば、不必要なはずの対抗勢力が存在することによって延命するという矛盾をもっている。他方資本主義に対抗する勢力からすれば、その活動が逆に資本主義を延命させるという矛盾をはらんでいる。この矛盾とともに展開するのが資本主義だと言ってもよい。

■今日の退廃した資本主義

ところが1991年にソ連が崩壊する。こうして資本主義の信奉者たちに恐怖を与えた最大の問題点が除去された。それまでのソ連・東欧のスターリン主義的な体制をどう評価するのかとは別の問題として、その崩壊が、資本主義を再び原理に忠実なシステムに戻る動きを強めさせたということはみておかなければならない。ともにこの頃から、経済の主力が生産から金融へと移ってくる。その金融もさまざまなファンドマネーや電子通貨などが乱舞する場所になって、まさに貨幣が貨幣を生むシステムが露骨なかたちで展開するようになった。

いま私たちがみているのは、このような退廃し、荒廃した資本主義である。そしてこの世界に、共産党独裁によって管理された資本主義が参入してきた。いうまでもなく中国の台頭である。しかもその中国を利用するかたちで世界資本主義が展開し、その世界資本主義を利用するかたちで中国資本主義が世界市場に食い込んでいく。こうして私たちは資本主義の原理を内蔵させたスターリン主義の台頭を目の前でみなければならなくなった。

これらは資本主義を強化する動きではなく、資本主義がもっている本来の問題点を顕在化させる動きだと言ってもよい。ゆえにこのような時代には、資本主義を変革しようとする新しい動きも起こってくる。

■大文字の革命から小文字の革命へ

近代的世界においては、大文字の革命理論が中心になっていた。たとえば社会主義思想もそのひとつで、社会主義社会を実現させることによって、社会、経済、政治のすべてのあり方を変えようとした。そしてこのような考え方が生まれてくる奥には、中世ヨーロッパのキリスト教とともに展開した理念があったといってもよい。キリスト教は、理想的な神の世界を実現させることを最終的な目的にしている。もしも全員が神の教えを忠実に守って生きていくのなら、理想の世界が出現するはずだからである。この発想があるから、社会主義思想もまた理想の世界が出現できるという理念で動いた。

マルクスの社会主義思想にしたがうなら、革命によって過渡期社会がつくられる。過渡期社会とは、社会主義的な変革がすすめられるが、社会の隅々のところに資本主義時代につくられた慣習や精神、システムなどが残っている、そんな社会のことである。そしてこの資本主義時代の痕跡が取り除かれたとき生まれてくるのが社会主義社会で、この社会の下で生産力は飛躍的に増大する。そうやって生まれていく矛盾のない社会を共産主義社会と位置づけた。共産主義社会は矛盾のない理想の社会であるとすると社会主義思想もまた、ヨーロッパの精神が生んだ理想社会論のひとつだったことは否定できない。

近代という時代は、欧米の世紀とでも言えるような時代をつくりだした。だからこそからはさまざまな大文字の革命理論がつくられてきた。だが今日では様相が変化してきている。大文字の革命理論に変わって、さまざまなところから小文字の革命理論が発生してきている。

経済の分野ではソーシャル・ビジネスと総称されるさまざまな試みが実践されている。貨幣の増加を目的におくのではなく、ともに生きる社会をつくるために新しいビジネスを起こす。それがソーシャル・ビジネスである。イギリスやアメリカでは、従業員共同所有事業体の試みも広がっている。企業をともに働き、ともに生きる作業場に変えていこうという試みである。農村では利益追求型ではない農業のあり方をつくりだす動きが生まれ、ともに生きる地域をつくろうとする試みも各地で展開している。

革命によって理想の社会をつくろうとするのではなく、市場経済ともほどほどに付き合いながら、半市場経済的に貨幣の増殖を目的にしない経済的関係をつくっていく。あるいは現在の社会の内部に、ともに生きる結ばれた関係を埋め込んでいく。

今日の社会のなかでは、大きな旗を掲げて集まる運動は下火でも、それぞれが小さな旗を胸に秘めて動くうねりは、日増しに広がってきていると言ってもよい。

本書に収められた、2018年の「東北農家の二月セミナー」での私の報告は、このような視点からの資本主義論である。現実の社会のなかでは、農家は一定の収入がなければやっていけない。しかし農の世界は、収入だけの世界ではない。そこには自然との共同の世界があり、消費者や地域の人びとをふくむさまざまな共同が広がっている。そういう人たちとともに、私は資本主義とは何かを考えようとした。

第1講　労働と交換、流通

どうも資本主義も末期的になってきたという感じがします。

最近、NEM《ネム》という仮想通貨がオンラインで抜き取られた、つまり盗まれたという事件がありました。この仮想通貨がどういうものなのか、ピンとくる人はあまりいないのではないか。「そういうものがあるらしい」という以上に実感をもってわかる人のほうが珍しいのじゃないかという気がします。NEMは1億や2億ではなく、580億くらい抜き取られたといいます。こんなものを買っているやつがこんなにいるのか！　と、むしろそっちのほうが驚きです。

そういうこともふくめて、もう一度、資本主義って何なのか、いまの経済って何なのか、それから農業ってどういう経済なのかということを考えていきたいと思います。

地域内交換経済について

「労働」としての農業のはじまり

言うまでもないことですけれど、農業は資本主義が成立する以前から、ずっと昔からあったと言ってもよい産業です。ただし、農業をひとつの「労働」としてとらえるという発想はそんなに古くないんじゃないかという気がします。

というのは労働という言葉が使われるようになっていくのは、労働というものが独立したものになっていく、つまり生活とか地域とか文化とか、そういうものとは違うものとして労働が位置づけられていく、そのことによって労働が成立したと言ってもよいわけです。昔の人たちからすれば、普通の生活のなかに労働があるし、地域の暮らしのなかに労働がある。労働というのはいろんなところに埋め込まれたものだったのだろうと思うのです。

僕のいる群馬県上野村では、フキノトウがでてくると、寒いんだけれどもちょっと春になってきたという感じです。その後は次々に春の様相を呈しはじめる。そうすると村の人たちみんな、山菜を採ったり、それを加工して食べたりしはじめる。これ、労働をしているのかというと、たぶん労働だと思ってやっている人はほとんどいない。労働と言ってしまえば労働なのでしょうけど。ただ春の生活、春の営みをしている、それだけのことといいますか。

おそらくかつては農業も、そんな感じが強かったのでしょう。もっとも米などは日々の営みというよりも納税する作物をつくっているという感じが出てくるのでしょうけれども、それ以外のものについていえば、労働をするというようなものではなかった。むしろ労働としてものごとをとらえるようになったということ自体がひとつの転換だったのだろうという感じがしてきます。

伝統農業にあった三つの「流通」

伝統的な農業には、三つの流通がありました。ひとつは自家消費用の流通です。簡単に言えば、自分でつくって自分で食べるというものです。これもひとつの流通形態に変わりない。ふたつ目は地域内の流通、地域内交換経済です。

三つ目が地域外への流通です。これは、古くは納税を通しておこなわれました。つまり米が年貢として取られていく。それが結果としては全国的な大規模流通をしていく。ひとつにそういうものがありました。もうひとつは、都市が形成されてくると都市への流通がはじまっていく。わかりやすく言うと、全員が農村で農業をしながら暮らしているならば、必要なものはみんな自分たちでつくっているわけですから、何も流通しないわけです。ところが、北九州、それから奈良とか京都、ああいったところに都市が形成されてくると、食糧を生産しない人たちが発生してくる。そこに農産物を提供するという流通がはじまっていく。その場合には近郊農業と都市の関係で流通が起きてくるのです。

複合経済

いまの時代を考えるとき非常に重要な経済学者として、カール・ポランニーという人がいます。僕の若い頃、経済学というとまずカール・マルクスという名がでてきました。マルクスの経済学はいまでもけっこう有効なものをもっていて、決して軽視してはいけないと思うのですけど、これからはポランニーがますます重要になっていくのだろうという気がしています。1964年まで生きていた比較的最近の人で、ウィーン出身のハンガリー人です。

彼が言っていたのは、経済というのは絶えず複合経済として成立するということでした。たとえばマルクスの経済学だと、資本主義になっていくと経済はすべて資本主義化されていくというとらえ方をしていたのだけれど、ポランニーだとむしろそうではなくて、伝統的なものも残るし、資本主義とは言えないような経済というか、そういうものも残りながらひとつの複合経済として実際の経済は成立するということなのです。

これはそのとおりであって、たとえば東京のような街のなかでも個人商店というのがある。個人商店がやっているのは資本主義的な経営などではないわけで、仕入れてきて少し利ざやを乗っけて売るという、ただそれだけのことです。このかたちは、昔のたとえば仲買い商とかそういう人たちがやっていたやり方と基本的に変わらない。ですから資本主義とは言いがたい。だけど同じ小売業でも、スーパーマーケットとかコンビニエンスストアとかは資本主義的な小売業です。形態は非常に似ていても資本主義的なものと資本主義とは違うもの、その両方があると言っていいのです。

それから東京でも職人的な人たちがまだぽつぽつ残っています。そういう人たちは自分で注文を受けて自分でつくるということをやっているわけで、やはり資本主義的な経営をしているわけではない。昔ながらの職人のやり方みたいなものの延長線上にある。資本主義の影響を受けはするのだけれども、自分自身が資本主義的な経営をする資本家であるわけではない。そういう人たちもちゃんと残っていく。

農業もまた資本主義以前からあった仕事で、それが今日になってもいろんなかたちで残っているといってよい。

だから資本主義になってくると資本主義的な経済が主軸になって全体を動かすという時代には移っていくけれど、すべてが資本主義化されるわけではありません。むしろ現実には複合経済というかたちをとるということなのです（＊1）。

共同体に埋め込まれた交換

ポランニーがよくみていたことのひとつは、地域内交換経済というものがどういうかたちでおこなわれているかということです。古い経済学だと、もともとは物々交換のかたちで等価交換、つまり同じ価値に基づいて交換がおこなわれていたと言われました。そして、いつも物々交換をするのは不便だから、お金を介在させて等価交換をするようになった。そういう方向で経済は発展していくのだと。

でもポランニーはいろんなところを調べて、実際にはそんなふうにはなっていないと言ったのです。地域内交換経済というのは共同体の慣習にしたがっている。だから等価交換なんていうものは成立していないのだと。

実際にそうで、等価交換ってじつはものすごくややこしい。たとえば、僕がハクサイをつくり、隣の人がダイコンをつくったとします。「じゃ、交換しましょう」といった場合、どういう交換にしたら等価交換になるのか。価格をつけちゃえば、仮にダイコンが１本１００円でハクサイも１個１００円だと、１個ずつ交換すれば等価交換だ、ということになりますけど、地域内交換に価格などつけるはずがない。そうすると一体どういう交換をしたら等価になるのか、非常にわかりにくい。実際にはそんなやり方をしていないわけです。なんとなく自分の家

（＊１）「資本制社会とは、資本主義的生産様式を主要な生産様式として組織化された社会を示すのであって、全資本主義の社会があるのではない」❶**『労働過程論ノート』**（123頁）
「旧社会を支えた様々なものは、支配的な地位から滑り落ちて、補助的な役割に回って生き残る」❻**『自然と人間の哲学』**（90頁）
「今日の村人と森の間には二種類の「経済」がつくられている。……「暮らしの経済」と……市場経済」❿**『森にかよう道』**（64頁）

でダイコンがたくさんとれて、隣の家は不作だったから「ちょっとうちのを隣にあげようか」とか、それだけの話です。もらったほうも別にすぐにお返しをするわけでもなくて、機会があったときに、「こんどは隣がどうもハクサイが不作だから、この間のお返しにもっていこうか」とか、そんな感じでやっているだけの話です。

つまり地域内経済というのは、共同体のもっている「なんとはなくできているルール」のようなものにしたがっている。

そういう「なんとなくのルール」のなかには、ときにはかなり厳格なものもあります。いまおこなわれているものとしては、お葬式のお香典。別に文章にはなっていないけれども、自分の家はいくらもっていくのかというルールがなんとなくある。これがややこしくて、僕などは依然として上野村のルールがよくわからない。というのは集落ごとに違うからです。

僕の場合は上野村では親戚づきあいは存在しないので、すべて近所づきあいの金額になるのだけれども、それも僕のいまいる集落では3000円、前にいたところでは1万円と決まっています。これは勝手に乱してしまうとよくないので、お葬式に行くときには、隣の家のおじさんがそういうことにものすごく詳しいので、僕はいくら包んでいったらいいのか、いちいち聞きに行きます。うちの村の長老に、何年ぐらい住んでいたらそういういろんなルールを全部わかるようになるんだと誰かが聞いたら、「うーん、だいたい死ぬ頃だな」と(笑)。それぐらい村のルールはややこしい。

お香典返しもかなりルールがあります。うちのほうも最近は東京方式（半返し）になったところが多くなりましたが、もともとは、香典の金額に関係なくその家に用意されていて、それを帰るときにお渡しするというやり方で、昔は米5キログラムでした。というのは上野村は米がとれないので。ですから、たとえば腰が悪くて動けない人の分まで頼まれてもっていくと、帰りは重くてしょうがないというような、そういうお香典返しの仕方をしていたのです。最近、式場が絡んでくるのがでて少し変わってきた感じはありますが、まだ7～8割は昔式で、その場で渡すというルールになっています。このへんも地域によって違ってきます。

お香典というのはお金と決まっているのです。お香典とは別にその人が好きだったお饅頭とかをもっていくのは構わないけども、饅頭だけをもっていくわけにはいかない。江戸時代ぐらいからそういうルールがあるようです。

「ダイコンが豊作だったから隣にもっていこうか」式の交換にしても、香典と香典返しのようなかなりはっきりしたルールにしても、どちらも、地域内流通というのは、共同体がもっている「なんとはないルール」、自分たちの地域社会のなかに埋め込まれた交換ルールにしたがっているのであって、等価の価値交換などという流通ではないということなのです（＊2）。

諸要素が一体的に展開した

それに対して、地域外との流通は、やはり価値を定めて流通させます。たとえばダイコンは1本100円という価値を定めて流通させる。ただし、地域内流通の仕組みがしっかり残っている時代は、地域外の流通も、共同体の決まりみたいなものにかなり制約されていました。買いに来る仲買人とか商人たちもその地域の共同体のルールというものを頭に入れながら買っていくし、売る側も共同体のルールを考えながら売っていく。たとえば、自分の家はダイコンが非常に豊作だったとします。豊作だから、去年の半値で売っても採算がとれる。でも、そんなことをしたら他の家が困ってしまうわけです。その半値が相場になってしまいますから。だから共同体の仕組みを考えながらなんとなく価格設定をしていく。商人たちもそういうことを考えながら買いつけをしていく。完全に野放しの流通というのは、じつは伝統的にはほとんどなかったということです。

それが資本主義になってくると、共同体が解体されて、共同体的ルールが弱体化していく。そのことによって、価格に基づく流通が手放しでおこなわれるようになっていく。そういう歴史なのだとポランニーは言っています。

つまりポランニーが言っていることは、もともと経済活動というのは独立した営みではないということです。自分たちの地域社会のなかに埋め込まれているし、生活のなかに埋め込まれているし、文化のなかにも埋め込まれていると言っても構わない。それがいまは、経済とか労働というものが共同体の制約みたいなものをもたなくなって、ある意味では自由に展開するようになった。そういう時代のもっている異常さみたいなものをポランニーはみていたのです（＊3）。


（＊2）「使用価値の交換は等価交換になりようがない」❻**『自然と人間の哲学』**（77頁）

7回も繰り返された「お返し」。交換についての共同体の精神と作法——⓯**『共同体の基礎理論』**（50頁〜）

「「五千円ほど包もうと思うがどうだろうか」と聞いたところ、「ちょうどよかんべ」という返事がかえってきた。……村のなかの取引では、価格を決めるものは、商品価値ではなく、村の習慣である」⓭**『里の在処』**（67頁）

（＊3）「広義の労働の世界は、いまではバラバラに分解され、ひとつひとつに社会的意味が与えられていく。……「趣味」……「ボランティア」……「家族サービス」「遊び」「奉仕」……」❻**『自然と人間の哲学』**（191頁）

ポランニーの経済学について詳しくは、⓬**『貨幣の思想史』貨幣の擬制**（著作集版への書き下ろし補章、271頁〜）

「働き方改革」をめぐって

何かがズレている

最近「働き方改革関連法案」なるものの審議がはじまりました。その根拠となる労働時間のデータのねつ造が指摘されて、いきなりコケたという感じですけれど。この「働き方改革」という言葉、あまり評判が良くないです。

東京ではいま、ものすごい長時間労働が蔓延していますし、しかもサービス残業というかたちでの長時間労働も広がってしまっている。確かにそれもなんとかしなくちゃいけないんですが、そもそもいまの「働き方改革」という言葉はどこかピントがずれているような気がします。

たとえば「働き方改革」のひとつとして「裁量労働制」の導入が言われています。残業代を払わない代わりに、労働時間を長くも短くも自分の裁量で決めていいという話です。しかし、農家だったら「今年は収入が少なくてもいいからのんびりいこう」とか自分で決めることができますけど、会社員はそうはいきません。自分の裁量でやれと言われても、実際にはノルマなどが決まっているわけで、結局それをやりきるための長時間労働が蔓延してしまうわけです。

さっきも言ったように、もともと人間の労働というのは、生活とも一体だったし、地域ともつながっているし、文化ともつながっているし、そういう全体的な営みのなかに埋め込まれた労働でした。それが近代社会では、労働は労働、経済は経済、生活は生活、地域は地域、文化は文化というように、すべてがバラバラになっていく。さらに資本主義になってくると、そのバラバラになった労働をお互いに手段として使うようになった。労働者の側からすれば、生活のためとか、あるいは出世（＊４）のため、金儲けのため、その他のなんらかの目的のための手段として。いずれにしても、手段として自分の労働を使うという時代に移ったのです。

ところがもう一方で、企業の側、経営の側もまた、その人たちの労働を手段として使うわけです。そうすることで企業の発展を図っていくという仕組みになってきます。仮に、これこれの製品をつくって社会に貢献しよう、というふうな崇高な目的があったとしても、労働はやっぱりその手段なのです。労働自体が目的ではない。雇うほうも雇われるほうも、じつは労働を手段に使っているということに変わりはないのです。

そうやって両方が労働を手段として使いながら、だけどやっぱり主導権は経営の側がもって

（＊４）「戦後の日本は出世民主主義の社会であった」❽『**戦後思想の旅から**』（78頁）

いる。そして経営の側としては、労働のコストを下げようという動きがどうしてもでてくる。そのことによって利益を拡大するということです。

労働密度の強化と文化の破壊

ではどうやって労働のコストを下げるか。下げ方は2種類あります。ひとつは、文字どおり賃金を下げることです。

それからもうひとつは、労働密度を上げることで相対的にコストを下げるという方法です。わかりやすくいうと、1時間に10個つくっていた労働者が、20個つくるようにする。そういう仕組みに変えていく。そうすると、賃金は同じでも、相対的には賃金が半額になったのと同じになる。そのために、目標管理とかいろんな方法を使って絶えざる締め付けをしながら、どうやって10個つくっている人に11個つくらせるか、12個つくらせるか、そういうことを通して生産物当たりの労働時間を減少させるのです。

実際にはこの間日本は、というか世界中がそうなのですが、その両方をやってきました。賃金を下げるために世界中で非正規雇用がふえていって、そして格差社会ができていきました。労働密度も、いまかなりのところで極限まで高められている（＊5）。そのために精神疾患を起こす人たちも体を壊す人もふえてくる。それから、労働に従事するだけで、文化も生活もなにもかも破壊されているという人たちが大量にでてきています。

いまの東京の暮らしをみると、本当にそんな感じが強いなと思っています。東京って人口が多いですから、当然一部金持ちの人たちもいて、その人たちが行くような高いレストランとか、そういうのも点在する。僕は行ったことはありませんけど、１人５万円ぐらいとか、そんな店もあります。一方で東京には、５００円でお腹いっぱいになるような店がものすごく多い。ですから地方から東京に出てくると、かえって東京のほうが物価が安いという印象をもつ場合があると思うのです。そういう店がけっこう混んでいます。つまり東京には、そういうお店がないと困る人たちがたくさんいるのです。昼どきにチェーン店のコーヒー屋さんにいくと、昼ごはんは１８０円のコーヒーに１５０円のサンドイッチだけ、という人たちでいっぱいです。夜12時頃も安い牛丼チェーン店にけっこうお客さんが入っていたりします。そういう生活って、何かを食べてお腹を膨らませるということはしているのだけれども、生活の営みというものがないという感じがします。

結局、働く側も経営側も労働を手段にしていて、でも主導権は経営側がもっているものだか

（＊５）「労務管理体系の一環として賃金体系がつくられながら、逆に労務管理体系を支える役割を果たしている」❶『労働過程論ノート』（246頁）

ら、労働密度も高まるし、こういう文化の破壊も蔓延していく。

正規雇用がふえたからＯＫか？

いま、労働力が足りないと言われて、就職はかなりよくなってはいます。団塊の世代がどんどんリタイアして、それに比べると代わりに新しく入ってくる20代の人たちは人口がずっと少ないですから、そうなるのが当たり前ではあります。そのなかで最近は、非正規雇用をやめるか縮小するかして、むしろ正規雇用をふやしている企業がでてきているというのがちょっと目立った動きです。

ところが、正規雇用にしても待遇がほとんど変わらない。非正規雇用に近い待遇の正規雇用といいますか。

非正規雇用だと、たとえば契約労働時間が夕方5時までとなっている場合、5時になると帰ってしまう。ところがほとんど待遇を変えないで正規雇用に切り換えていくと、サービス残業がはじまる。「ついでにこの仕事もやってから帰ってよ」とか、雇う側も言いやすい。正規で雇ったほうが、より働かせることができる。労働密度を上げられる。そのために、ほとんど待遇を変えないで正規雇用にしているというところがいまふえてきている。だから「正規雇用がふえました」と胸を張って言われても困ってしまう。

手段と化した労働でよいのか

結局、こんなふうに、皆が参ってしまっているのが現状なのです。

究極的には、「自分たちの労働を手段にしている社会でいいのか」、そこのところを問わなければいけない（＊６）。もちろん、すぐに解決するというわけにはいきませんけど。働く側も雇う側も労働を手段にするということの構造が現状を生んでいると言えるわけで、本当はここまで切り込まなければいけない。でも、国会で議論されている「働き方改革」は、そんなことに切り込む気も頭もない。仮に残業を減らすという方向で動いたとしても、そのぶん労働密度がま

（＊６）「仕事からのがれたいと思っているとき、はたして余暇も楽しいのだろうか」❺『自然と労働』（280頁）

「雇用の問題は量の問題ではなく質の問題である。そして雇用の質を問うことは、資本制社会における人間の生き方を問うことである」❸『戦後日本の労働過程』（107頁）

「人間にとってもっとも大切な自由……私は、それは働くことの自由だと考えています」❹『哲学の冒険』所収「哲学のロマン」（227頁）

「人間を何かの手段にしてしまうことは、その人間の自由を奪うことなのだから」❼『続・哲学の冒険』（53頁）

「たとえ労働時間は長くとも、また利益は少なくとも、人間的で、自分で納得できるような仕事がしたいとでもいうような労働に対する思い」❽『戦後思想の旅から』（171頁）

すます高まるだけです。いままで10時間かけてやっていた仕事を8時間でやれと言われるだけの話です。これじゃ働き方改革にならない。

むしろいま多くの人たちが望んでいるのは、「労働時間なんて気にしないでもやりたいと言えるような労働をやりたい」ということではないかと感じる。僕もずっと自営業的に仕事をしていますが、自営業の人は労働時間なんて計算しません。ただその日にやらなければいけないことがあって、それを終わらせようと仕事する。意外に早く終わればそれはそれでよいし、ちょっと苦戦してしまえば夜遅くまでやっている、というだけのこと。別に「何時間働いたからいくらの収入になるはずだ」という計算なんかやっていない。もともとはみんなそうやって暮らしていた(*7)。それがいまのような状況になって、皆が追い詰められてきた。

だから人々からすると、労働時間を何時間減らすかということが問題なのではなくて、むしろ「この労働でいいのか」という、そのことを問い直さなければいけない。そうすると、いまの資本主義という経済の仕組みや企業の仕組みをどう改革したらいいのかという課題になる。そういう気持ちをもっている人は多くて、だからいまの「働き方改革」という言葉はあまり評判がよくない。「いまの議論の方向はなにか間違っているよな」と思っている人たちがたくさんいます。

地域外への流通について

地域外流通もまた地域内の習慣の影響を受けていた

話を戻すと、さっき言ったように地域外への流通というのは、古くは租税とか年貢というかたちで流通しました。それは一貫してつづいていると言ってもよい。ただ、江戸時代までは米が基本的な租税商品だったのに対して、いまはお金で税金を取られていることが違うだけです。もうひとつは、都市の周辺などでは蔬菜類とか、あと薪というのも大きかったのですけど、そういうものを中心として流通がはじまっていく。

江戸というのは１００万人が住む都市で、当時世界で一番人口が多かったところです。全国の武士を半分集めてしまったから、すごい数になったわけです。そうすると江戸の近郊に農村ができました。いまの巣鴨とか板橋とかそのあたりが野菜の供給地になっていくわけです。特

（＊7）職人的な労働のリズム、時間世界について――❾『時間についての十二章』商品の時間（136頁～）
山里の労働は、労働の種類も密度も自分でコントロールできる――❷『山里の釣りから』（168頁～）

に葉物野菜は、遠隔地からだと傷んでしまって運べない。だから、朝、大八車に乗っけて江戸まで1時間ぐらいでもっていけるぐらいの距離のところに産地ができたわけです。東京農業大学はいまは世田谷区にありますけど、最初にできたのはいまの青山のあたりです。青山、原宿というのも明治初期は農村だったわけで、少なくとも農大をつくる場所があったということです。

さらには、江戸の後期ぐらいになってくると、全国のいろんなところに、ナタネ油とか綿とか生糸とか、そういうものが産地形成をしてきて、流通していくという時代がはじまってきます。特に日本の油は大半がナタネ油でした。ナタネ油は天ぷら油から行燈《あんどん》の灯りまで使えるうえに、搾ったあとの粕を肥料として使えるという利点があって、かなり換金作物として良かったみたいです。要は保存性がよくて移動しやすいものの産地ができてくるわけです。

そういう歴史なんだけれども、ポランニーによれば地域外流通もまた、地域内の共同体習慣みたいなものがしっかりある時代は、そこの影響を受けるということです。だから手放しの流通ではなかったというのが彼の見方でした。

共同体のなかの労働

知り合いに、『柴井堰と生きる』という記録映画を撮った人がいて、もうじき（2018年

2月時点で）映画が公開されます。鹿児島のある川に農業用水をとるための堰があるんですけれど、これが、木の枝葉を束ねた粗朶《そだ》（柴）を敷き詰めてつくった堰なのです。板で止めるのと違って、水は柴の間からザンザン流れていきます。完全に水を取ってしまわないというやり方です。鹿児島はシラス台地なので水が浸み込んで消えてしまいやすい。そこに江戸時代に開拓が進んで激しい水争いが起きた。そういう歴史を経てこのやり方になったようです。結果として、魚の移動の妨げにもならない。

柴は毎年付け替えなければならず、村の人たちが共同でその作業をしています。自分たちの共有林から木を刈ってきて、それを縛って束にして並べていくような格好です。鹿児島らしいのは、マテバシイを使っているところです。マテバシイの束を、竹を細く割ったもので縛っていく。それが一番強いんだという話でした。

ただし地元としては「あと何年つづけられるかな」と心配しながらやっている状況です。どこも共同体は高齢化している。ただ、聞いてみると最近はそれをやりたいという若者もいて、若い役場職員とかいろんな人たちが「手伝おうかな」とやって来るそうです。手伝うといっても技術が要るので、簡単に手伝ってもらえないようなところもあるけれど、でも毎年来て覚えてもらうということができるようになってきたので、しばらくはできる限りつづけたいと、一種の地域の文化の柱みたいになっています。

もともとそんなふうに、共同体はいつも平穏であったわけでもなくて、ときに水争いとかそういうことも起きた。だけどそれを、「柴井堰」に切り替えたりしながら共同体的解決を図ってきた。そういうことと一体のかたちで、自分たちの生活があり、文化があり、労働もあった。その一体性が崩壊したということがいろんな問題をつくったという気がするのです。

今日の農業——ふたつの方向

完成品より部品が重要に

資本主義的な経済の基本は第二次産業ですけれど、いまは第二次産業の中身がずいぶん変わってきています。完成品はどこでもつくれる、むしろ部品のほうが重要だという方向です。車だったら、自動車生産そのものはどこでもできるという感じで、むしろ安くて良いモーターとか能力のあるバッテリーをつくれるかどうかの勝負になってきている。電気製品もみなそうで、スマホ自体は中国でもどこでもつくれるけれども、スマホに組み込む部品をつくれるところは限定されてくる。

じつは農業もそうです。本当に品質の良いものがつくれるかは別にして、とりあえずダイコンをつくるというだけだったら、どこでだってつくれる。農業をするための「部品」のほうがだんだん重要になってくるわけです。部品というのは、たとえばタネという部品、農機具という部品、農薬という部品、といった具合で、農業の「部品」をどこで押さえるかということのほうが国としては重要になってくる。

トラクタでもそうで、日本のイセキやヤンマーのトラクタは小さくて、アメリカでは使い物にならないようなものだった。ところがいま、アジアでは日本の小型トラクタは非常に人気があって、かなり輸出している。そうすると、日本の農家の数が減っていっても、日本の機械のほうが使いやすいという国がたくさんあって、いまはそういう途上国が機械を使えるようになってきたので、場合によったら機械の輸出のほうがよっぽどお金になるという話になりかねない。農薬でも、日本の農薬は安全だとは言えなくても、他のじつに危ない農薬に比べればずっと半減期が短いといったことは言えるので、農薬を輸出して儲けるとか。

テレビのニュースなどでは最近、「イチゴが輸出されています」というような話を盛んにやっています。そういうことも一部はあるにせよ、実際には、部品を売るほうがよっぽど儲かるという方向にたぶんいくのでしょう。

コンパクトシティ化

もうひとつ、農業に限らない話ですけど、国はいま「コンパクトシティ」化という方向性をもっています。会津地方だったら会津若松に、というふうに、中心部に人間を集めてしまう。そのほうが「病院も近いし、スーパーも近いし、便利でしょう」と、国はこう言っているわけです。では農業はどこでやるのかというと、「通って農業をすればいい」と。しかし、山奥の地域には通うといってもそううまくはいきません。すると、「そんなところはやめればいい」と。よく言えば「自然に返せばいい」と、そういう話になっています。ある程度効率的にできる場所だけで農業をやればいいというわけです。

実際にコンパクトシティづくりは、補助金で誘導したりしながら相当すすめてきていて、富山市とか金沢市とか、かなりその方向で動いてきたのですけれど、実際には全然うまくいっていない。やっぱり人間がどこに住みたいのかは、横に病院があれば住みたいのかというと、そう簡単にはいかないわけで、この構想はたぶん失敗するでしょう。

部品を輸出すればいいという話も、コンパクトシティとそれに絡んだ農村の大整備という方向も、どちらもうまくいかないと僕は思っています。そもそもこの方向でいけば、農業は本当にやる価値がないくらいつまらなくなってしまう。

産地化された農村、商品生産者化した農民

日本の場合、特に戦後になると、農村社会においても手放しの資本主義みたいなものがでてきます。野菜の産地などはその典型で、平坦地で巨大な機械類を入れて大面積をこなし、巨大な農薬散布機で農薬を撒き、化学肥料をバンバン入れていくような農業です。経営的には成功していて、多くの家に跡取りがいるという地域、農水省からも成功モデルのように言われる地域もありますが、「これで本当にいいのかな」と思わないでもない。

機械の償却や農薬・化学肥料だけでものすごい経費がかかりますから、粗収入が３０００万円を切ったら赤字になるような経営をしているところもある。農家の生活はというと、午前中にスーパーの店頭に「朝どり野菜」として並べるために、夜の12時〜1時くらいから徹夜で収穫して午前5時くらいに集荷場にもっていくような地域もある。そういう地域では冬以外は休んでいる暇がないという感じで、ほとんど布団に入って寝ることがないような生活をしていたりします。ひとつの作業が終わると家に戻って、そこでそのままゴロンと横になって寝て、1〜2時間経つと起きて次の作業に行くというのをくり返している。食事もちゃんとつくっている暇がなくて五月雨《さみだれ》式になるし、野菜の産地なのに地元スーパーにはカット済みのサラダ野菜が売られている。自分の家の野菜を刻む時間もないほどなのです。これは農家のあり方として

どうかなという感じがしてくる。

もうひとつ、こうした地域では収穫などの労働力として中国、ベトナムなどからたくさんの外国人技能実習生を入れています。中国人が来ることは別にいいのですけど、そういうかたちで来るのが本当にいいのか。ちゃんと研修していくのなら別ですけれど、こういうコストのかかる農業をその人たちが国に帰ってやれるはずがない。

農村は産地化されるとどこもそういう方向に向かってきています。たとえばフランスの農業をみると、徹底的に産地化されている。ジャガイモ農家はジャガイモばかり、小麦農家は小麦ばかりつくっている。畜産農家も牛なら牛だけ、羊なら羊だけを飼っているという具合です。結果として、それ以外はすべてを買うような暮らしになっています。

ただフランスの場合は、だいたい60～65歳ぐらいと比較的若くして引退します。向こうは引退すると本当にやりませんので、ものすごくヒマなおじいちゃん、おばあちゃんがいて、60代ぐらいだからまだピンピンしているので、その人たちが地域活動の軸になったりしながら家庭菜園だけはやっているという感じです。せいぜい10坪とか20坪ぐらいの家庭菜園ですけれど、ちゃんとやればけっこういろんな野菜がつくれるので、それが自分の家の食卓に上がってくる。それから、単品生産農業に反発して多品目生産をしている人たちもいることはいます。でも主流は圧倒的に単品生産農業、産地農業です。その結果、地域内流通も自家消費もなくなり、結局、市場の動向だけに影響を受けるということになっています。だからフランスは農業大国なんだけれど、農民の所得は意外に低い。そういう問題を抱えている国でもあります。

結局、いまの時代というのは農業もまた地域外流通が軸になって、それのために単品の大量生産で産地化がすすめられたりして、そういうことを経ながら農業も商品生産になっていく、こういう歴史をたどってきたのだろうという気がします（＊８）。

古い農業への回帰も

それだけに、いまはふたつの方向に農民や農村が動いてきています。ひとつはますます産地化、単品商品生産化をすすめるという方向。国の方向性はそちらです。ところが、その一方に

（＊８）「農の思想と、経営としての農業」❺『**自然と労働**』（284頁）「出荷用の栽培と自家消費用の作物づくり……その二つの畑に投下される技能［の違いについて］」❻『**自然と人間の哲学**』（123頁）「出荷しない野菜［と］商品生産……そこでは全く異なる時間世界が展開している」「農業は近代的産業のひとつなのか、それとも伝統的職業なのか……。この矛盾のなかで、農民は……」❾『**時間についての十二章**』（68頁、189頁）農家の「営み」と「経営」のくい違いについて──⓮『**戦争という仕事**』時間（135頁〜）

おいて、むしろ古い農業への回帰みたいなものを考えている人たちもたくさんいます。古い農業といっても、いろいろな新しい技術は使うのだけれど、まず自分たちの家で食べる食卓を大事にして、地域内での交換なども大事にする。地域外にも流通させるけれども、それもできるだけ消費者との間に新しい習慣をつくっていくというか、儀礼をつくりながら流通させる、そういうことを試みている人たちもふえてきました。

習慣的・儀礼的交換を新しいかたちで

昔はできなくていまはできることとは何かというと、直接にいろいろな流通ができるということです。かつては農民が直接消費者に届けることはやりようがなかった。さっき言ったように大八車で江戸の近郊からもってくるぐらいがせいぜいで、ちょっと遠隔地になればできなかった。でもいまは交通が便利になったりしたこともあって、その点ではいろんなことができます。つまり、かつては共同体の範囲が狭い地域内に限られていたのだけれど、地域を広域化しても共同体的なつながりというか、コミュニティ的なつながりというか、そういうものをつくることが不可能とはいえなくなってきた。地域外の人たちも日常的にそこに住んでいる人たちとは違いがあるけれども、そのコミュニティ的な関係のなかに加わることによって、自分の生きる世界をつくることができるようになった。

僕のいる上野村でも、上野村以外に在住しているけれども上野村と関係をもちながら生きている人たちはけっこういるし、そういう人たちは村と関係をもちながら生きていくことに楽しさを感じている。実際にはけっこう大変なんですけど――というのはうちの村は遠いですから――。でも、そのことの大変さよりも、そういうつながりをもって生きていることのほうがずっといいと感じる。そういう人たちも生まれています。毎年3月に「上野村シンポジウム」をおこなっていますが、だいたいそういう人たちが集まってきます。

コミュニティも、昔はどうしても歩いてコミュニケーションができるような範囲で形成されるもの、という感じでしたけど、いまは、もうちょっと遠隔になってもコミュニケーションがとれるようになってきた。そうすると、かつて共同体がもっていたような慣習的・儀礼的な交換というやり方も、この広がったコミュニティのなかでつくれるようになってきました。広がったコミュニティは、その広がりのなかの人たちが全員参加するのではなくて、あくまでその地域と結んでいる人たちが点々といるようなコミュニティになっていくわけですが、そういう人たちのなかでひとつの儀礼をつくる。その場合に、交換ですから、あげたりもらったりするけれども、農家はあげるものがあるけれど都市生活者にはない。だからそこで、儀礼的にお金を交換する。お金でお礼をする。そういうようなことができないかと試みている人が今日では全国に点々といるという気がします。

それから、最近はIターンで農村世界に引っ越す人たちも全国的にいます。少し前までの移住者はほとんどが新規就農とか、林業に新規就労というように、農林関係の仕事をメインに生きるという人たちが圧倒的だったのですが、いまはもうそういう人たちは少数派になってきたという感じが僕にはしています。むしろ農業以外の収入が軸で、だけど農的生活、農地のある生活はしたいという、自分の食べるぶんぐらいはつくりながら、あとは別の仕事で収入を得ていくという人のほうがいまは圧倒的に多いのではないか。交通と通信手段が非常に便利になっているということを上手に使うと、遠いからといってあまり問題がないような仕事もだんだんふえてくる。ですからそんなかたちで田舎に行く人が最近は多いなという感じがしています。

資本主義的な農業か、商人的な農業か

そういうかたちもふくめて、資本主義とはいえないような農業のかたちをもう一度再構築しようという人たちもでてきているのが現在です。これからおそらく農業においても、資本主義化された農業と資本主義とはいえないような農業、このふたつの食い違いがどんどん明確になっていくのでしょう。

北海道農業をみていると、北海道の場合、国の援助が厚かったというべきか、バンバン補助金をだして大規模農業を育成していった歴史があるけれど、いまなんとかなっているのは米農

家ぐらいなもんではないかという気がします。北海道米は最近評判がよくなってきていますから。だけど畜産は、国の指導どおりにやってきたところは惨憺たるもので、借金を抱えて倒産の山みたいな感じになっている。それをなんとかするためにまた補助金を出す。ところが補助金をもらってもまた借金がふえていく……。本当にそういう感じになっていて、だから資本主義的農業というのがどうやってもうまくいかないというのがみえてきています。

逆に北海道でもその路線に乗らなかったような人たち、むしろ小規模——といっても北海道のなかでの小規模ですから、けっこう大きな規模ですけど——で、自分たちでコミュニティをつくったり、流通させたり加工したりしている人たちのほうがしっかりしているという感じです。

もうひとつ、最近ではときどき見受けるようになったいろいろな売り先や大きな売り上げをもっている農家も、ほとんどが資本主義的農業ではなくて、じつは商人的な農業をやっているにすぎないのです。伝統的な商人にとっては信用が第一だったわけで、自分の家の信用を高めていくように行動する。それは約束を守るというような意味もありますけど、同時に「よいものをつくってこそ信用は高まる」ということです。そういうことをやっていくのがかつての日本の商人なのです。農家も、そういう意味で商人的な農業をしていると言えます（＊9）。

これに対して資本主義的な農業は、簡単に言うと、自分の労賃を計算して儲けをだしていくという農業です。他人の労賃も計算してその分も儲けがでればさらによいという話です。いま、一部でそういうのがではじめたけれども、やはり日本の農業はそういう農業とは違うのだろうという気がします。

◇

だんだん資本主義化していく方向と、そこに抵抗していく方向とが食い違いながら、資本主義的な農業が経営的にもけっこう大変だと、そういうことがみえはじめているのがいまだという感じがしています。


（＊9）⓮『戦争という仕事』家業（87頁〜）、倫理（158頁〜）

「江戸時代は家業の社会としてつくられていた……。それが信用を第一とする家業気質をつくりだした」

⓯『共同体の基礎理論』共同体と家業の社会（110頁〜）

第2講　資本主義的経済とは何か

貨幣の自己増殖をめざす経済

生産・流通のための仕組みではない

資本主義的経済は、僕らが感覚として感じている経済とはかなり違います。僕らが感覚として感じている経済活動は、出発点に「何かをつくる」ということがある。たとえば農家だったら作物をつくる、工場だったら何か製品をつくる、これが出発点。それはかたちがなくてもいいわけで、サービスをつくるとか、そういうことでもいいわけです。いずれにしても、何かをつくるという出発点があって、つくられたものが流通したり消費されたりする。その過程で利益をあげていくのが経済だ。こういうのが僕らの感覚なのです。

伝統経済、昔の経済は、確かにそういうかたちをもっていました。ただし昔の経済でも出発点は生産ではなくて流通なのです。たとえば農産物でもそうですけれど、流通がない時代というのを想定した場合、そんなにたくさん農産物をつくる必要はまったくないわけで、仮に米とか野菜とかを全部つくるとしても、自分が食べる分とせいぜい近所にあげる分ぐらいをつくっていればいい。そうすると家庭菜園に毛の生えたぐらいの畑があって、米も、よっぽどつくったとしても5俵か10俵くらいつくればだいたい1年間は食べていけますから、そんな大規模につくる必要がない。大規模につくる理由があるのは、流通があるからです。どこかにもって行けば換金できるとか、そういうことがあってはじめて大規模生産が発生してくるのです。ただし、流通といっても、どこかにもって行って売るというのではなく、年貢というかたちで強制的にもっていかれたというのが流通の最初のかたちではありました。いずれにしても、なんらかの流通がはじまることによって、自分が消費する以上のものを生産することが可能になったというのがそもそものはじまりなので、出発点はじつは流通にあるのです。それでも、僕らがなんとなく経済を考えるときは、誰かが何かをつくって、それがめぐりめぐって経済社会をつくっているという、そういう感覚でものをみている。

すべてはお金を殖やすための投資法にすぎない

資本主義は違います。これが大転換だったのだけれども、資本主義は出発点がお金、貨幣なのです。まず最初にあるのは貨幣。お金がはじまりです。この貨幣を、なんらかのモノに投資する。投資が成功すれば、増殖した貨幣になっていく。資本主義は、じつに単純で、この仕組みで動いています。「貨幣をどう殖やすか」という経済なわけです。そうすると、投資としては何に投資をしてもいいわけで、いまだったら株を買ってもいいし、土地を買ってもいいし、仮想通貨のビットコインを買ってもいいし、なんでもいいわけです。

ところが残念ながら、利益率の高い投資先、利回りがよい投資先、そういったものに投資をするということは、リスクも大きくなります。いまビットコインを買ったら、ひょっとしたら大成功の可能性もあるけれど、何カ月かの間には自己破産している可能性も出てくる。そうすると、投資する側としては、「1年で倍になるような利益はなくてもよい。安定的に、しかもリスクが少ないかたちで長期的な投資をするには何が一番いいか」と考えます。ここではじめて、ひとつの投資法として、生産、つまり工場をつくるとか、あるいは農業とか、こういう活動に投資をしていくという方法がでてくる。

いま、企業農業の多くはこれを狙っている。いまは農地も安いからそれを買うか、いますぐ買うのは難しいけれど法的な問題がクリアされれば買うか、場合によってはただ同然で借りることもできるわけで、そうしてここに投資していけば、けっこういい利回りで増殖貨幣を得られるのではないか、というのが企業の発想なわけです。必ずしもそううまくいくわけではないですけど、発想としてはそうなのです。だから、大規模に農地を借りても、思ったほど利回りが上がらないとなれば、「じゃ、返します」というじつに割り切った話ができてしまう。農業はひとつの投資法にすぎないということなのです（＊10）。

だから資本主義の論理とそこで働いている人の気持ちはまったく食い違う。たいていの働いている人たちは、投資のひとつとしてやっているという気持ちはもっていない。「自分の仕事を淡々とこなしている」とか、人によっては「もっとよいものをつくりたい」という気持ちを企業のなかでももっている人はいるし、もしよい経営者がいたりすると「従業員の生活を守っていくためには」とか「消費者の利益を守っていくためには、ちゃんとした仕事をしなくてはいけない」とか、そんな気持ちでやっているのだけれども、資本主義の論理はそれとは関係ない。あくまでお金の殖やし方にすぎないのです。

このお金の殖やし方に失敗してしまった場合どうなるか。個人だったらビットコインを大量に買って失敗すれば自己破産になるし、企業だったら倒産して市場から脱退ということになります。資本主義というのはこのメカニズムでしか動かない。だから働いている人の気持ちと一致しないということもよくある。

（＊10）投資法としての林業について――❾『時間についての十二章』森の時間（55頁〜）、森林経営の時間（77頁〜）
「森林もまた経済林としてとらえられるようになった。……森林への投資は利潤をともなって回収されるものと、考えられるようになってきた」❿『森にかよう道』（204頁）

あらゆるものが商品に

実際には、投資をおこなうためにはもうひとつ条件があります。投資とは何かというと、「お金で商品を買う」ということなのです。たとえば株という商品を買い、その結果として、売却したときに利益がでればそれでいいということです。あくまで投資という行為はなんらかの商品を買うわけで、土地という商品を買うのでも、いろいろな債券を買うのでも同じです。つまり、投資するためには、その買うものが商品として市場にでていないといけない。

何か物を生産する工場をつくる場合で考えてみます。その工場は三つの商品から成り立っています。ひとつは「設備」という商品。機械とか道具とかを全部ふくめてです。1年間でこの商品がどれだけ必要かが、その設備の償却量です。仮に、工場のもろもろの設備が1年間で1億円減価償却すると仮定すると、それが1年間に購入した設備という商品になります。

それから、物をつくるためには当然「原材料」という商品が必要になってくる。仮にこの原材料も1億円だとします。

それと、実際につくるためには「人」が必要になる。人は人間として扱うのではなくて、あくまでも「労働力」という商品としてとらえます。仮にこれも合計1億円必要だとします。

そうすると、1年間で計3億円の商品に投資をするということになります。その結果が、仮に4億円になってでてくるとすれば、3億円の投資で1億円の利益、1年で33％ぐらいの利益をあげたことになるわけです。

人間もまた労働力という商品に

問題はこの「人」の部分です。人間を人間として扱うのではなく、商品としてとらえて、その商品分の仕事をしてもらうという仕組みになっている。これが資本主義なのです。資本主義というのは労働力商品の成立ということが要になっているということです（＊11）。労働力商品である以上は、働かせてどれだけの生産量が確保できるのかということがある程度しっかりみえていなければいけない。ただ「頑張ってください」だけではダメで、「これだけの仕事をしていただきます。それに対してこれだけの賃金を払います」というかたちになるわけです。これができてこそ、この過程全部が商品化される。そのことで、お金を使ってお金を殖やすことが合理的な計算のもとでできるようになったのです。

（＊11）「〈資本〉は……労働者を、機械とも変わることのない商品として規定した」❶『労働過程論ノート』（98頁）

労働力の商品化と科学的管理法について――❸『戦後日本の労働過程』現代的労働過程の基礎構造（176頁〜）

では農家の経営はどうかというと、設備のほうは、人によっては相当大きなものをもっている。それは商品として投資している。多少の原材料も商品として購入する。ところが、労働力商品のところが成り立っていない。ここのところが、「一生懸命働いて良いものをつくろう」みたいな話になってしまっているわけで、商品計算になっていない。そうである以上、やはり資本主義的農業とは言いがたいのです（*12）。

それに対して企業がたとえば富士の裾野に大きな茶園をつくる、そのために人をたくさん雇うという場合には、この計算が成り立っている。そうすると、それは資本主義的農業になるということです。ただ、農業でそれをやるとたいてい失敗するケースのほうが多いという感じではありますけど。

経済には、昔の議論からいくと、好況と言われている時期があります。調子がよくて、つくったものがどんどん売れるので、いろんな企業が設備投資したりしながら生産を拡大していく。それにしたがって労働力は不足傾向になる。そのために賃金が高くなっていくというメカニズムが働く。ここからひとつの問題が発生する、というのは賃金が高騰するためにちゃんとした利益を企業はあげられなくなってしまうのです。さっきの例で言えば、労働力商品が1億でよかったのが2億かかってしまうと、つまり賃金が倍になってしまうとすると、売り上げが4億あったとしても経費も4億ですから、利益は吹っ飛んでしまう。実際には生産企業の利益率はそんなに高くなくて、５％ぐらいあがっていれば御の字というぐらいですが、賃金がちょっと上がっただけで利益が吹っ飛ぶという構造なのです。さらに好況期には多くの企業が生産量をふやすので、いつの間にか供給過剰になって値くずれも起こる。

そういうことが発生し、利益がでなくなると、生産を拡大したことがネックになって生産過剰という問題が起きてしまう。片方で生産過剰が起きていて、片方では利益率が低い、あるいは利益がでない。そして利益率が銀行利子よりも下がると――いまは利益０・１％でも銀行利子より高いですけれど――、生産に投資する意味がなくなってしまう。「だったら銀行に預けておいたほうがいいじゃない」となるわけです。

金融機関の側からもそういうことが発生してきます。銀行からみれば、企業にお金を貸して融資するのはひとつの投資行為なので、その結果として利息をもらって回収することができれば投資は成功となる。ところが利益率が下がり、銀行からするとお金を貸しても投資が成功しないということになると、「引きはがし」ということが起きてきます。つまり「なんでもいい

（＊12）「農民や町工場の職人たちは、労働自体に問題があるのではなく、その労働が戦時体制に巻き込まれるということである。ところが現代の労働には、労働自体が社会を破壊していく可能性をもっている」⓮**『戦争という仕事』著者解題**（17頁）
「職人的な生産様式と資本制生産様式……この二つの生産様式のちがい」❶**『労働過程論ノート』**（302頁）

から早く金を返せ」ということです。

ここで起きてくるのが経済恐慌です（＊13）。企業が倒産したりして、その結果、労賃が下がるというメカニズムが働く。社会としては生産が縮小され、そこから長らく不況期が発生します。不況期を脱して、すべてが均衡状態にまですすんでいくと、再び経済は好況へと向かう。もともと経済はこのメカニズムで循環をしています。

ただ、実際の経済には、いま言ったような経済原理以外のものが入ってきます。特にいまの時代は、経済原理以外の要素がきわめて大きくなってきた。株でもなんでも、コンピュータで1秒間に十数億回の売り買いをするとか、ほとんど理解不能なことがおこなわれています。ビットコインみたいなものが発生してくるということもありますし、株を日銀が買うとか、そういう経済原理から外れたものがいっぱい入ってくる。そういうほとんどわけがわからないようなかたちで、この数年間現状維持が図られてきたということなのです。

ただし、無理をしているとどこかでその無理に対する修正をせざるをえないときがでてきてしまう。その修正がはじまったときに、次はどういう修正になっていくのかは、歴史上経験のないことをいっぱいやっているから、よくわからないのです。

資本主義というのはすべて投資の経済だと思ってもらえばいい。投資の経済にするためには人間もまた労働力商品という投資可能な商品とみなす。それを組み込んで投資可能にしたのが資本主義経済です。

資本主義の自滅を食い止めてきたものは何か

資本主義は自滅の可能性をもつ

こういう社会だから、簡単にいうと「おカネを殖やしゃいいんでしょ」ということなわけです。そうなると、皆が貨幣増殖に走る。ところがそうなると、逆に資本主義は自滅してしまう可能性がでてくる。

というのも、金儲けに走るとなると、とどのつまり、生産に投資するのは、利回りがそんなに有利ではないからです。確かにリスクも少ないかもしれないけれど、企業が倒産したりするリスクだってないわけではない。だから、そんなことよりも手っ取り早く儲けようという話がでてくる。そうすると、土地が値上がりしているときには土地を買ったほうがいいし、株が値上がりしているときには株を買ったほうがいい、というように、皆で拝金主義的な行動にでて

（＊13）経済恐慌については、**『内山節と読む 世界と日本の古典50冊』**208頁〜（宇野弘蔵著『恐慌論』の解説）も

くる。そうすると、「結局この世界はカネなんだ」というような見方がでてきて、そのことによってまともな生産活動への投資ができなくなってしまう。結局それはいろんな意味で自滅を生む。

もうひとつ言えることは、労賃が高くなることで投資利回りがあがらなくなるのだったら、「労賃を抑えればいいではないか」ということになる。そこで一種の企業の談合のようにして、この間世界中で、非正規雇用をふやして合法的に賃金を押し下げていくということがおこなわれてきました。そうすると、企業はそれで利益をあげるかもしれないけれど、経済全体としては市場規模を縮小させてしまうということが起きる。たとえば、いま、自動車の生産現場は非正規雇用だらけです。開発とか経理とか総務とかには正社員はいても、実際に車をつくっている現場は非正規雇用だらけ。その結果として、車をつくっている人たちが車を買うことに関心をもてないような賃金水準にしてしまった。結局それが自分たちの市場を縮小した。いま、若い人たちは本当に車に関心がなくて、若い人たちと話しているときにうっかり車の話なんかすると「年寄りくせぇ話だな」と思われるので車の話はしてはいけないような雰囲気です（笑）。若い人たちでも、住んでいる地域によっては車がないわけにはいかないのだけれど、本当にもう「動けばいいや」というぐらいの感じで車をみる人が多くなった。中古で安いのを買おうと思えばいくらでもあるわけで、「それで別に不便しません」という人たちがふえている。東京だと車をもつための費用のほうが高いから、「車なんかもちません」という感じになっている。ですから日本の車の市場は、ずっと縮小しているのです。いま、「少し高くてもいいから良い車が欲しい」とか言っているのは団塊の世代以上という感じで、年寄りの証明という感じになっています。こういうふうに結局、自分たちの首を絞めてしまったということです。

資本主義への制約こそがその自滅を食い止めた

資本主義というのは本当に不思議なメカニズムをもっていて、資本主義の原理どおりにすすんでいくとむしろ自滅してしまうようになっているのです（＊14）。だから資本主義が発展するためには、資本主義の原理を食い止めていく要素が社会のなかにたくさんなければいけない。そういう要素のひとつに伝統的な倫理観があります。「仕事はお金のためにやるのじゃない」とか、「従業員をしっかり守っていくのが経営者の務めだ」とか、「消費者に信頼されてこそ会社がある」とか、そういうふうな伝統的倫理観が働いてくると、資本主義の堕落を食い止める

（＊14）「「資本主義」のあり方自体が「資本主義」を瓦解させていく可能性をもっている、そういうものとして「資本主義」を分析することはできないだろうか」❶**『労働過程論ノート』著者解題**（17頁）「最近の資本主義の動きは、自ら墓穴を掘っているのかもしれない」⓮**『戦争という仕事』**（194頁）

ことができる。

もうひとつは労働運動です。昔は、毎年だいたい3～4月頃になると春闘でストライキになって、という時代がありました。あの頃は、経営側からするとストライキで賃金アップを否応なくのまされていくようなところがあって、「こんなのをのまされたのではやっていけませんよ」という感じだった。ところが、毎年賃金が上がることによって、一種の企業一家意識ができて、「会社のためにがんばろう」という労働者たちがでてきたりして、また賃金が上がっていくから市場も拡大していくという、高度成長期の好循環みたいなものが発生した。その時点だけをみると、資本主義の原理からすると「まったく余計なことをしてくれた」という話になるのだけれど、ところがそういうことが起きることによって資本主義を延命させたということにもなる。

日本で環境問題が出てきたときもそうなのですけど、1960年代あたりは都市公害問題はいまの中国みたいな感じでした。海や川の汚れもひどかった。それで、特に自動車の排気ガス問題では、当時世界で最も厳しい排気ガス規制の法律をつくりました。あのときも自動車メーカーとしては、「こんな厳しい規制をされてはやっていけない」という声が非常に高かった。けれども、そういう動きが出てくれたおかげで、むしろ日本の企業の信頼も高まったし、それに企業が応えていかざるをえなくなった。同時に公害防止技術みたいなものが日本の生産技術の柱のひとつになる時代もつくりました。

いまはヨーロッパなどが環境規制を日本よりもずっと厳しくしていますけれど、結局、それが次の資本主義の原動力になるぞ、ということなわけです。日本のほうがいまはそのへんが遅れてしまっていて、たとえば電気でも、ヨーロッパのほうが自然エネルギーにシフトして、日本はまだ原発に固執しているというふうです。これは、そういうかたちで規制していくと原発メーカーとしては困るかもしれないけれど、結局そこで生まれてくるものが次の資本主義を準備するというようなことを、ヨーロッパがよくみているということでもあります。

こういうふうにいろんな労働組合の運動や市民運動や環境をめぐる運動があり、またそこにある程度国が応えるようなかたちで、そのときとしては厳しい規制を入れていく。そのことによって資本主義は自滅しないで済んでいく。

資本主義は、資本主義をすすめる側、批判する側、どっちの側にとっても非常に矛盾のある仕組みになっています。資本主義の側としては、いま言ったような労働運動や環境規制みたいな困った動きが発生して、資本主義が原理どおりにうまくできないと、そのことによってむしろ健全に経済発展をするという一面がある。反対に資本主義に批判的な側からすると、資本主義を批判していろいろな運動や規制を実現させていくと、かえって資本主義が延命していくという一面がある。だから、社会主義的なものを支持する人がたくさんいて、資本主義をいろいろと批判したり、あるいは「資本主義を倒すんだ、次は社会主義だ」というように真っ向対決していくと、そっちのほうが資本主義にとっては結果的には延命になるという一面をもっているのです。

今日の荒廃した資本主義

制約が取り払われると

ところが、1991年にソ連が崩壊して以降、資本主義を制約するものがなくなってきた。僕もソ連がよい社会であったとは全然思いませんけど、ただソ連が存在することによってある程度労働者保護などがすすんだ面はあります。資本主義にとっては、そういうようなことを取り込んでいかないと、革命が起きたらたまらないとか、そういうものがロシア革命のトラウマとしてあった。

ソ連が崩壊して、もうそんなことに気を使わなくてもよくなった。そうすると労働者を労働力商品として使いきるという、そっちの方向だけで暴走するようになってきた。そうなれば賃金が安ければ安いほどいいわけで、ですから非正規雇用をふやしながら安い賃金で働かせると

郵便はがき

おそれいります
が切手をはって
お出し下さい

1078668

（受取人）
東京都港区
赤坂郵便局
私書箱第十五号

農文協
http://www.ruralnet.or.jp/
読者カード係 行

◎ このカードは当会の今後の刊行計画及び、新刊等の案内に役だたせていただきたいと思います。　はじめての方は○印を（　）

ご住所	（〒　－　） TEL： FAX：
お名前	男・女　歳
E-mail：	
ご職業	公務員・会社員・自営業・自由業・主婦・農漁業・教職員（大学・短大・高校・中学・小学・他） 研究生・学生・団体職員・その他（　）
お勤め先・学校名	日頃ご覧の新聞・雑誌名

※この葉書にお書きいただいた個人情報は、新刊案内や見本誌送付、ご注文品の配送、確認等の連絡のために使用し、その目的以外での利用はいたしません。

● ご感想をインターネット等で紹介させていただく場合がございます。ご了承下さい。
● 送料無料・農文協以外の書籍も注文できる会員制通販書店「田舎の本屋さん」入会募集中！
案内進呈します。　希望□

■毎月抽選で10名様に見本誌を１冊進呈■（ご希望の雑誌名ひとつに○を）

①現代農業　②季刊 地 域　③うかたま

お客様コード □□□□□□□□□□

17.12

お買上げの本

■ご購入いただいた書店（　　　　　　　　　　　　　　　　書 店）

●本書についてご感想など

●今後の出版物についてのご希望など

この本をお求めの動機	広告を見て（紙・誌名）	書店で見て	書評を見て（紙・誌名）	インターネットを見て	知人・先生のすすめで	図書館で見て

◇ 新規注文書 ◇　　郵送ご希望の場合、送料をご負担いただきます。

購入希望の図書がありましたら、下記へご記入下さい。お支払いはCVS・郵便振替でお願いします。

（書名）	（定価）¥	（部数）　部
（書名）	（定価）¥	（部数）　部

いう、そういう仕組みが先進国のどこでもできあがっていった。

そういうなかで、労働組合の活動も日本だとあるのかないのかわからないという程度にしか存在しない時代をつくった。資本主義に対して大きく立ちふさがるようなかたちの市民活動とか、そういう式のものもだいぶ衰弱しました。そうなってくると、自由な資本主義、原理どおりの資本主義みたいなのができるわけです。すると、「要するにカネを殖やせばいいんでしょう」という話に戻ってしまうわけで、生産活動に投資するよりももっと有利な投資法に走る。ただしリスクも高くなるので、そのリスクを回避する方法として金融工学が発生してきて、膨大なデータを処理しながら確立計算をしてリスクを減らそうというような方向になっていく。それが世界中に蔓延してしまって、それがいわばグローバルな資本主義なのです。グローバルな資本主義って、あくまでお金の投資の自由を求めた資本主義なのであって、お金には国境がない、だからグローバルだということなのです。

先進国の市場では規制緩和というのがそこらじゅうでおこなわれたり、市場原理主義のような動きが高まったりということが発生してきた。資本主義にとって、形成期の初期は別として、いまが一番原理どおりに動く時代を迎えたと言ってもよい。それは一見すると資本主義が強くなっているようにみえやすいのだけれども、じつは資本主義の弱点がさらけ出されるということにもなっていくわけです。さきほど言ったように原理どおりに動いてしまうとこの仕組みは自滅しかねない。

ケインズの考え方の大もとにあったものは

20世紀の経済学者で、イギリスにケインズ（＊15）という非常に影響力をもった人がいます。ケインズ経済学というと一般的には「国による有効需要の管理」という言われ方をします。ケインズ経済学が使われはじめたのは1930年頃の世界恐慌の頃で、あのときにアメリカが不況を脱するために国の財政を大幅に出動させて、簡単に言えば公共事業をふやしてそこで失業者を吸収していくとか、いろいろなやり方をとった。ケインズは経済の好況・不況の波を国の手によって管理し、経済を安定させる政策を出した。不況期には国が財政を拡大させて、公共事業をふやしたりして、不況があまり進行しないようにする。逆に好況期には国が財政を減らして、同時に中央銀行が金利を上げて、経済が加熱しないようにしていく。景気の波を平均的にならして、いわば安定成長にもっていこうということです。こういうのをよくケインズ政策と言ったりするのですけれど、じつはこの言い方はケインズの理論を半分しか受け取っていないという感じがあります。

ケインズはそこだけを言ったのではなくて、彼が一番重視していたのは、結局資本主義は「カネを殖やす」というメカニズムで動いているということなのです。だから、「要はカネを殖やせばいいんでしょう」ということになってしまうので、一歩間違うとそれは貨幣愛の社会をつくる。この貨幣愛の社会が大きくなってしまうと、結局社会そのものが崩壊してしまう。つまり人間がお金しか愛さないという社会になってしまう。それはいろんなかたちで社会をむしばんでしまう。だから貨幣愛の社会になってしまうのをなんとか食い止めなければいけないというのが、ケインズの発想にありました。

なぜ貨幣価値の安定が必要か

貨幣愛の社会にしていかないためには、投資活動のなかでも特に投機的活動を、つまり株だの債券だのビットコインだのに投資するというような活動を、できるだけ儲からないようにする。そうすると人間たちはしょうがないから生産活動のほうに投資する。生産活動のほうは爆発的な利益を生むということはないですから、社会としてはまだ健全性が維持できる。だからどうやってこの投機的な活動を少なくできるかということを経済学は課題にしなければいけないということでした。

（＊15）ケインズの経済思想について詳しくは、❽『戦後思想の旅から』お金の社会（144頁〜）、⓬『貨幣の思想史』貨幣の時代の憂鬱（224頁〜）、⓮『戦争という仕事』貨幣愛（112頁〜）

そのためにやれることは限界があるのだけれど、国の政策として可能なことは、貨幣価値の安定を図らなければいけないというのがケインズの意見でした。貨幣価値の安定ということは、インフレもなければデフレもないということです。投機活動が一番儲かるのは貨幣価値が変動するときだからです。たとえば、土地の値段が上がる場合。これは貨幣価値が下がるということです。仮にいま、ある農地が1億円だとして、それが1年で2億円に値上がりしたとする。かつてバブルの頃は本当にそういう雰囲気があったのですけど、それは、土地に対する貨幣の価値が半分に下がったということです。ところが、農地に対するお金の価値が安定してしまっていると、つまりその農地の値段が、いま買っても10年後に買っても、１００年後に買っても変わらないということだったら、投機的に買っても意味がなくなるわけです。もし買うとしたら、農業をやりたい人が買うとか、そういうことはありうるかもしれませんけど、投機の対象にはならない。

要するに貨幣価値の安定――インフレもデフレもない――ということは、個別の商品についてデフレもインフレもない、ということです。あらゆるものの投機的な活動を止めるためには、あらゆる商品に対する貨幣価値の安定が必要で、国はそれを一生懸命図れと、それこそが重要で、国がやりうる唯一の方法だとケインズは言っているのです。

資本主義の支持者だからこそ、その規制を求めた

ケインズというのは資本主義の支持者でした。彼は「資本主義以上に優れた経済システムを私はみたことがない」と言っている人なのです。

なぜケインズは資本主義が優れていると言ったかというと、非常に合理的で効率が良いからだと。ではなぜ合理的で効率が良いかといえば、すべてのものを貨幣量で計算する経済だから、ということでした。

労働力でもそうです。労働力を「あの人はゆっくりだけどよい仕事をする」とかそういうもので評価すると、合理性と効率性が低下する。そうではなく、「この労働力商品は時給１０００円で雇った。その人を働かせて２０００円の仕事をさせる」と、こういう計算だから合理的な計算ができる。よい仕事だの悪い仕事だの、そんなことじゃなくて、すべてを商品というモノのもつ価格計算で割り切ってしまう。それだけに資本主義はある種の効率の良さをもたらしていて、ケインズはそれを大事だと思っていたから、資本主義はいまある経済システムのなかでは最もよい仕組みだというふうに言っていた。

にもかかわらずケインズは、資本主義は野放しにすると、結局商品価格を決めるための合理的な計算だから、生産活動なんかに投資するよりは投機のほうが早い、とかいうようなことに

なりかねなくて、そういうものが広がっていけばまさに貨幣愛だけの社会になっていき、きちんとした生産もできなくなっていく、という面を見抜いていました。

実際、いまはそんな時代ではなくなったのですけど、バブルの頃だったら「農業をやっているよりはその田んぼをパチンコ屋にしたほうが、よっぽどいい」とか、そういう判断をした人もたくさんいたわけです。たしかにそのほうがずっと利回りがいい、ということは起きる。だけど、農家全員が「うちはパチンコ屋だ」とか「うちは駐車場だ」とかはじめちゃえば、それでは社会自体がダメになってしまう。結局、それを食い止めていったのは、「やっぱり農業が好きだ」とか、「先祖から受け継いだものをパチンコ屋なんかに変えられるか」とか、そういう経済外的要素みたいなものでした。伝統的な倫理感みたいなものがそれを食い止めていった。

だからケインズの発想の大もとには「資本主義は野放しにすれば自滅する。それを国はできるだけ食い止めなければいけない。そのために貨幣価値の安定を図るべきだ」ということがあって、そのための方法として、「経済が過熱気味になってきたならば、国が財政出動を止めるなり低下させるなりして、同時に中央銀行が金利を上げて、経済を冷やす。調子の悪いときには逆のことをする」ということを言っていたのです。

ところがケインズ経済学は、いろいろな国で使われるようになってくると、貨幣価値の安定の話はでなくて、もっぱら「不況になったら国は公共事業をふやす」とか、そっちの話ばかりになった。前提をちゃんと学んでいないという感じがします。

ケインズがおもしろいのは、「資本主義が一番よい」と言いながら、ロシア革命が起きた直後にロシアにみにいっている。当時ロシア革命は、はじめて社会主義革命が成功し、資本主義の側からみれば「とんでもないことが起きた」ということで、ソ連を封鎖すると同時にいろんな国が干渉戦争を仕掛けました。日本もシベリア出兵をやっています。

そういう状況下でケインズはソ連に行ってみてきて、「一切、干渉戦争などすべきではない」と言っています。それどころか「必要だったら援助もふくめて温かく見守るべきだ」と。

なぜそんなことを言ったのか。彼に言わせると、革命後のロシアには「きわめて愚鈍な経済」が展開している。「こんな経済が成功するはずがない」とも言っています。だけれども、ソ連が何をめざしているのかというと、「貨幣愛のない社会」だと。すべてを平等にして――革命直後ですからまだそういう雰囲気があったのでしょう――、貨幣愛のまったくない社会をつくろうとしている――「それが成功する可能性はまったくない」とも言っているんですけれど。「だけれども１００万分の１でもその可能性があるのだったら、その可能性を応援すべきだ」と。もし貨幣愛のない社会ができたら、それは人類史上きわめて素晴らしい実験結果になる。だからその１００万分の１に期待するのだ、と。彼はちょっと皮肉っぽい文章を書くのですけど、「ほとんど可能性はない」とか、「絶対失敗する」とか言いながら、「でも100万分の1の可能性があるのだったらそこに賭けるべきだ。だからソ連を弾圧するなんてとんでもない」という言い方をしている。資本主義の守護神のような経済学者なのですけれども、そういう人のなかからもこういう問題は意識されて、議論されていたのです。

世界のふたつの動き

ソ連が崩壊したあたりから「ケインズの時代は終わった」とか言われています。だけど実際にはいまの日本も、なんとか2%成長にもっていくために財政出動をやりまくっているわけで、ケインズ経済学の悪口を言いながらやっているのです。世界中依然としてケインズ経済学なのです。ただし、それはケインズの心棒の部分を捨て去ったケインズ経済学ですけど。いままさにケインズ流に言えば貨幣愛の社会に向かって驀進してしまっているわけです。それはやはり資本主義が自滅していく準備をしはじめたというふうに思えてくるのです。

いまの投資を軸にした資本主義の仕組みが、もうどうみても持続性がない。自滅の方向に向かっている。そういう時代であるからこそ、投資型の発想ではない、ちゃんとしたものづくりをやろうとか、ちゃんとした農業をやろうとか、そういう人たちもまた登場してくる。いまはそういうふたつのものが違う道を歩んでいる。世界の大勢は明らかに投資型資本主義の方向に向かっているのですけど、しかし社会のなかからふつふつと、それに抵抗する人たちが出てきている。そんなふうにいまの時代をみていけばいいのかなと思っています。

資本主義のメカニズムと人びとの気持ち

「カネでカネを殖やす」仕組みにすぎない

さっき言った伝統的倫理観については、マックス・ヴェーバーの『プロテスタンティズムの倫理と資本主義の精神』という有名な本があります。初期の産業資本家たちはまじめに働き、清貧に暮らすことを美徳とする人がたくさんいて――それがプロテスタントの倫理観でした――、結果的にはそれが資本を蓄積するのに役立ち、資本主義の形成に非常に重要な役割をはたしたと言っています。これは広く支持されている見方でもあります。

ただ、資本家たちの精神がそういうふうに影響を与えてきたというのはそのとおりなのですけれど、そういう精神と、資本主義のもっているメカニズム、法則とは、やはり一致しないのです。資本主義の法則というものは本当に倫理とは関係なく、「カネでカネを殖やせばいいだろう」というものなのです。

資本主義がはっきりとできてくるのは、イギリスで1700年代後半、産業革命が起きたときと言っていいのですけど、資本主義の出発点がどこなのかというのは意外と難しい。資本主義に近いようなものはその前からできているし、人によってはもうギリシャの時代からあるという言い方をする人だっている。カネでカネを殖やすというのが資本主義ならば、そういうふうなことをやる人たちは古代からいなかったわけではない。ただ、昔になればなるほど多くの人が農民ですから、その人たちは共同体のなかで農民的な暮らしをしていたわけで、カネでカネを殖やすなんていう発想もないし、第一カネをもってもあまり使ってもいない。それでも、少数ですが非常に古くからそういう人もいたわけです——多くは商人です——。そういう人たちが発生しはじめたところから資本主義の歴史ははじまっているというとらえ方ならば、古代地中海貿易の時代から資本主義はあったとも言えるわけです。

もうひとつ、株式というものができたときを資本主義のはじまりとする見方もあります。これははっきりしていて、大航海時代、コロンブスとかバスコ・ダ・ガマとか、ああいう人が活躍した1500年代ぐらいです。

どうして株式を発行したかというと、大航海時代というのは実際には略奪に行っているのです。イギリス人とか、あの頃はスペイン人もずいぶん活躍しますけれど、そういう人たちがインドに行って、そこで略奪をして本国に帰ってくる。コロンブスも、西回りでインドに略奪に行こうとして、アメリカ大陸に着いてしまった。そのとき着いた島をインドと間違えたものだから、西インド諸島という名前にしてしまった。略奪というのは、成功すれば一夜にして大金持ちになれる。そこに住んでいる人からみればひどい話ですけれども。ところがリスクもものすごく高くて、途中で嵐で難破してしまうというリスクもあったし、あの時代は海賊も多いですから、海賊に襲われて全部取られてしまうとか、いろんなリスクがあった。そういうリスクの軽減策として、出航する前に株を発行したというのが株式のはじまりです。略奪に成功して帰ってくれば、買った株の量に応じて配当を与えるけれども、失敗してしまえば株はただの紙切れになる。航海をやる人間からするとそのほうがリスクが少ない。一方の買う人は投資で買うのですけれど。それがはじまりです。

ただし大航海時代の株式は、一航海ごとに株を発行して、帰ってきたら精算して終わり、というやり方だったのですけど、後にオランダで、持続的に株をだすようになりました。一航海だけではなく、何回もの航海に対して、その船団の運営権みたいなものを株で買う。毎回うまくいってくれれば、株を買ったほうは継続的に配当を受け取ることができるし、これも発行する側としてはリスクの軽減策となる。

同じやり方がイギリスで産業革命以降におこなわれました。今度は略奪貿易ではなく生産工場が株を発行した。生産設備をつくるのにお金がかかるるので、株主を集めてそのお金で工場をつくって、うまく儲ければ配当をだすという仕組みをつくったのです。

人びとの気持ちに可能性がある

つまり資本主義の現実の形成過程は、略奪貿易と株式の発行であって、そこにあるものは投資によって利益を得る仕組み、「カネでカネを殖やす」仕組みなのです。だから資本主義の仕組みは、そこでやっている人たちの気持ちに必ずしもぴったり合うわけではない。

そこでやっている人たちは、たとえば働いている人だって、「自分は労働力という商品だ」と思って働いているわけではなく、「仕事をちゃんとしよう」とか「いいものをつくろう」と思って働いていたりする。経営者もいろんな想いで会社をつくったりしている。ヴェーバーが言ったように、まじめに働き、清貧に暮らすという倫理観をもっていたりもする。そういうことと実際に展開するメカニズムが一致しないのが資本主義でもあるのです。

だから「カネがカネを生む」というような仕組みに対して、人間たちのほうが嫌気がさしてくるとか批判的になってくるということがしばしば起きるわけで、そうなると資本主義のメカニズム自体が逆に阻害、制約されていくということも起きてきます。いまの時代は資本主義の原理が優勢なのだけれど、そういう時代でも人間たちはいろんな気持ちをもちますから、「ただカネが殖えればいいわけではない」という気持ちも起こってくる。そこに可能性もあると思っています（＊16）。

（＊16）「社会がひとつの方向にむかって突っ走っていくときそれに歯止めをかけるものは、新しい思想であるよりは、民衆の健全な知恵とでもいうべき伝統的精神である場合のほうが、はるかに歴史上は多い」❽**『戦後思想の旅から』**（199頁）

「職人は何かをつくり、それを商品として売る。それなのに職人のもっている腕とその誇りは、しばしば商品生産の合理性を阻害するのである」❾**『時間についての十二章』**（122頁）

「経済原理が重視されるようになったとき、皮肉なことに、市場経済は人間の労働意欲の低下という現実をみせはじめた」⓮**『戦争という仕事』**（92頁）

討論から——地域通貨について

——自己増殖が目的のお金としてではなく、コミュニティづくりの手法として地域通貨が注目され、各地で発行されているようです。これをどうみたらよいでしょう?

■ただの通貨?

地域通貨というと厳密には地域のなかで使われる通貨ですけれども、実際にはそこにネットワークが入ってきて、地域の人以外が使う可能性も出てきています。地域内でもそれを使う人は1割ぐらいで、同じぐらいの数を地域外の人がもっていて、そこに来たときに使うというように、一種の仲間の通貨みたいになっていったりします。この場合、企業が発行しているポイントカードとよく似たものになります。ポイントはいま全部足すと2兆～3兆円の規模になっているのですけど、あれは明らかに通貨なのです。現に、貯めたポイントで買い物ができてしまうわけですし、ポイントを出す企業のほうもネットワークを組んでいますから、Tポイントとかだとかなりいろんなお店で使える。明らかに第三の通貨みたいに機能しています。だから日本で通貨は何種類も発行されていると考えて構わない。

ドイツなどではは地域通貨がけっこうたくさん発行されているのですが、これもかなりポイントカードというかキャッシュカードに近い感覚になっています。はじめはたとえば１００ユーロを払ってカードに１００ユーロ分の地域通貨を入れるわけですが、使うときは「ユーロ」でなくてその地域通貨の名前に変わっているだけで、後はほとんど同じという感じです。

このやり方がいいのかどうか議論はありますけど、皆が使っていくことをめざしていくと、どうしてもだんだんそういう方向になる。もっとすすめば、ポイント自体が買えるようになる。買い物をしたついでにポイントがもらえるのではなく、ポイントでいろいろな支払いができ、ポイントが足りなくなったらポイントを自分で買って入れておける。こういうふうになっちゃうと、これはもう明らかに通貨です。

地域通貨のもっている微妙さはいまそういうところにきていることにある。「これは通貨じゃないか」となると、当初の目的の「地域のなかでみんなで循環的な経済をつくっていく、そのための手助けとしていく」という意図が壊れてしまう。地域通貨も矛盾がない通貨ではないのです。

■矛盾を抱えながら展開していく

発行するまではいいんですよね。皆で議論をして、「こういうものをつくって、地域でみんなで回していくような社会をつくろう」と。でも実際にそれが機能するようにするとなると、あんまり機能するようにしちゃうと逆にただの通貨になってしまうという問題も出てきちゃう。

僕も海外に行くとクレジットカードを使うのですけど、場所によっては悪用される可能性もあるからクレジットカードを使いたくないという地域もあります。そういうところでは、カードのなかにあらかじめ5万円とか10万円とか入れておいてそれで支払うというときもあります。入金は銀行に行かなくてもパソコン上でできる。どこの国のお金でもその日のレートで変換して入金できるようになっています。こういうものと地域通貨は何が違うのか、ということになっていくわけです。

地域通貨は、発行するためにみんなで議論するというのはすごくいいのですけど、その後どこまで機能させるのか。機能が高ければ高いほど、地域通貨はめざした内容と違ってくるという面ももっているのです。

いま、上野村のほうでも地域通貨を出そうかと、地元の金融機関も入って検討をはじめています。ただし上野村だけでなくて、富岡とか下仁田とかもふくめた西上州地域全体で使えるものが検討されています。村のなかだけしか使えないとなると、うちの村は商店は２軒くらいしかないですから（笑）。機能させようとするとそのくらい広域でないと機能しない。非常に便利な地域通貨なので、それはそれでやったらいいと思うんだけれど、いわゆるみんなが集まってつくる手づくりの地域通貨とはちょっと違う。そのへんの矛盾を抱えながら展開していけばいいのではないかという気がします。

第3講 ほどほどの市場経済を模索する動き

資本主義があまりにも暴力的に台頭しています。ところで市場経済は、資本主義が成立するずっと前からありました。資本主義的な市場経済というのは、先ほども言ったように、お金でお金を増やしていくというものです。それに対して、これからお話しする「ほどほどの市場経済」は、市場との結びつきはもつけれども、資本主義の原理にはしたがわない。つまり貨幣の増殖の最大化を目的としないで、むしろ労働とか経済の価値を貨幣では計れないものに置いていこうという動きです（＊17）。

実際には市場をまったく無視してしまうと私たちが暮らしていくのに大変ですから、「市場は使うけれども、完全な資本主義の原理にしたがわない」ということです。ここまで資本主義に暴走されると、そういうことを考える人たちがいろいろなところでふえてくる、そういう時代でもあります。いろいろなところで新しい試みがおこなわれているのだけれども、僕の目にはむしろ伝統回帰にみえます。

ともにある経済のかたち

新しい技術で、昔の暮らしに戻る

たとえばうちの村（群馬県上野村）で、森を手入れするために木を伐採しています。伐採が目的ではなくあくまで森の手入れのためなのですけど、きわめて小面積で、皆伐に近いぐらい伐っています。それは昔の薪山の伐り方でした。昔は薪山は20年に一度ぐらい、何ヘクタールもではなく1反（1000平米）ぐらいの広さで、全部ではなく一部葉っぱがいっぱいある

（＊17）「貨幣に依存しない民衆レベルの交換を広げることができれば、相対的に貨幣経済の役割は低下していくことになる」**『内山節と読む　世界と日本の古典50冊』**176頁（マルク・ブロック著『西欧中世の自然経済と貨幣経済』の解説）
「資本制商品経済社会やその下での技術の社会も、非資本制商品経済や使用価値をつくる技能に、使用価値を媒介とした自然と人間の交通に一面では依存しつづけなければならない。……そのことのなかに資本制社会が止揚される主体の根拠を私はみる」❻**『自然と人間の哲学』**（146頁）
「商品経済からの一定の自由を獲得していこうとする人間たちの動きと、それをも商品経済のなかに取りこもうとする動きのつばぜりあい」❽**『戦後思想の旅から』**（183頁）

木は残し、それ以外の木は伐って薪にしていました。ポツリポツリとケヤキなどが残っているという伐り方です。いまも、人家近くの旧里山みたいなところはそのやり方を取り入れながら手入れをし、後は天然林、人工林を問わず間伐をしています。うちの村の場合、山が急峻なので、伐った木は全量搬出という方針で昔からやっていて、伐採木を放置しない。全部引っ張ってきて、森林組合が——上野村は農協も森林組合も村単独です——製材をする。去年だと1万1000立米ぐらいの木を森林組合が運んでいます。そのうち6000立米ぐらいは曲がった木とか枝とかで、材としては使用できない。材として使用できない部分で木質系ペレットをつくって、冬の暖房とか一部のハウスのボイラー用の燃料にしているんですが、ペレットの60％くらいは発電用に回っています。上野村の発電機は180キロワットです。いまのペレット発電としては容量が小さいのですが、それがうちの村で出てくる利用できない木を循環させて使っていくというときに、この規模ならばできるという大きさだったのです。これを1000キロワットにしてしまうと、発電機を回すために木を伐るという話になりかねない。それでは本末転倒になる。遠隔地から木を仕入れてペレットにするというのもちょっと違う。あくまで地域内で回る量、それからいうと180キロワットぐらいでいいか、ということでこの大きさになったわけです。

よそから来た人からは、「山奥だけどいろいろな新しいことをやっているのですね」と言われます。新しいことをやっていると言えばやっているのだけれども、じつは考え方は伝統回帰なのです。とにかく地域エネルギーで暮らしていた時代に戻りたい。昔の地域エネルギーは薪が中心なので、薪で暮らした時代に戻りたいということなのです（＊18）。でも薪で暮らした時代といっても、「みんなで薪を使いましょう」と言っていても戻りきれない。それが、いまはペレットにするという新しい技術がある。ペレットだと非常に使いやすい。どうしても高齢者が多いですから高齢者に使いやすいようにしておかないといけない。高齢者でも元気な人はどんどん薪を割って使ってくれればいいのですけど、ペレット化しますと温度設定とか時間設定とか全部できちゃうので、午前７時になったらつくようにするとか、夜10時になったら消えるようにするとか、あるいは温度を20度に設定しておくとか、そういうことができるので、高齢者で足腰が悪くなっているような人でも非常に使いやすい。そういう点では新しい技術を使いますけど、考えていることは、「昔は地域のエネルギーで生きてきたのに、いつの間にか別の町のエネルギーをもらってきていることになっちゃって、これは返すがえすも残念だ。だから昔の社会に戻りたい。そのためには新しい技術もいっぱい使いましょう」ということです。だ

（＊18）「戦後の歴史のなかで山村の人々の失ったものは、経済である前に山村の仕事＝労働ではなかったか」
❺『自然と労働』（123頁）

から、考え方は伝統回帰で、具体的な形態は新しいかたちでやろうと、ただそれだけなのです。

農に土木に、高齢者が大活躍――現代版「百姓」へ

もうひとつ、村が「合同会社ゆーぱる上野」という事業体をつくりました。そのなかに「農業作業班」というのがあって、高齢者たちが遊休農地を使ったりしながら働いています。高齢者たちが家でコタツに入ってテレビをみているばかりになっちゃうと、病院が忙しくなるので、いろいろな意味であまりいいことがない。ですから高齢者の人たちに出てきてもらって、村のなかの遊休農地を耕してもらう。鍬さえあればそれなりにできる仕事です。能率はどうでもいいので、出てきて焚火でもしながらお茶でも沸かして楽しくやってくれればいい。そうすれば会話もふえるし、足腰も動かすのでいろいろいいことがあるでしょうと、そういう事業体をつくりました。すごく安いパート代なのですが、来ている人たちも目的が収入ではなく、ちょっとお小遣いを得るぐらい、年金で足りない分を補充するぐらいという感じです。実際それをつくったら健康保険の利用が減って、もくろみは当たったという感じです。

そうしたら、高齢者がだんだんやる気になってきて、ハウスを何棟もつくって水耕栽培でトマトもはじめちゃいました。けっこう収入になるものだからますます楽しくなっちゃって、今

度はイチゴもはじめたり……。水耕栽培というやり方がいいのかどうかは、ちょっといろいろ思うところもあるのだけれど、高齢者たちがそれで元気にやっているのならいいかなと（＊19）。また、そこに若い人も入ってきたりしています。

でも、どうしても季節がら仕事のあるときとないときがでてくる。通年でちゃんと仕事をしたいという高齢者もいるから、今度は「ゆーぱる」のなかに土木部門をつくりました。農業部門と土木部門の2本立てにして、一年中何か仕事があるようにしようと。大規模な土木はできないのですけれど、いまの高齢者は若い頃に土木工事がいっぱいあったものだから、けっこういろんなことができる。ちょっと家の玄関だけコンクリを打ってほしいとか、そういう村のなかの小規模土木工事を頼むとやってくれます。ただし、今日頼んだら明日来るかどうかはわからなくて、「ちょっといま農業が忙しいから来月にしてくれ」というようなこともあるのですけど。そこに出せる仕事は積極的に出そうというふうになっています。

そのうえに最近は、「フォレストアドベンチャー」というアトラクションが村にできて――森のなかをジップスライドで樹から樹へ渡ったり、滑り降りたりするコースがあります。日

（＊19）「歳をとってもなお生きていきやすい社会が用意されていれば、人は高齢になることはあっても、老いることはないのではなかろうか」❺『自然と労働』（35頁）

曜日などは行列をつくっています――、その運営も「ゆーぱる」がやっています。ただ、何かあったときに助けに行ったりしなければならないので、ちょっと高齢者には大変な仕事なので、そのために今度は若者を雇うようになりました。

こういうのも一面ではやはり伝統回帰だという気がしています。考えたら農業は、特にうちの村は農地が狭いですから、農業専業というよりも、いろんな仕事をする「百姓」として生きてきたのです。「ゆーぱる」も、最初は「農業作業班」ではじまったのが、土木もやろうとか、森を使ってアトラクションもやろうとか、どんどん広がって「現代的百姓」みたいになっていった。僕らとしては、なんとなく採算が合っていればいい、あとはみんなが楽しくやってくれればいい、という感じです。ハウスとかアトラクションをつくったりする費用は役場がだしているのですけれど、そのために出費をしても、医療費が下がったりといろんなメリットがあるので、総合収支は黒字という感じです。

伝統回帰のやり方はいろいろあって、別に農業も鍬と鋤に戻らなければいけないわけではない。使えるものは使えばいい。ただ、昔の農民の生き方、百姓の生き方を現代に再現するとしたらどんなやり方があるか、と。発想はたぶんそういうところにあるのだろうという気がしています。

ソーシャル・ビジネスと江戸の商人道徳

いまいろいろと出てきているソーシャル・ビジネスの動きなども、「自分の利益だけを追求しない」という伝統的な労働や経済のあり方への回帰ではないか。江戸時代の商人道徳として、「誰も損をしないかたちで商売をしなければならない。そうして信用を増していく。それが持続的な商売のやり方だ」というのがありました。近江商人の「三方良し」もそうです。いろいろなところで、気がついたら伝統回帰がはじまっているという気がします。

近代社会になっていろいろなものが壊れてしまったのだから、近代社会を少し修正しようということになると、ヒントはやはり近代以前にある。ただ近代以前にそっくり戻るのではなくて、近代以前の考え方を取り入れながら手段としては現代のものも使えるものを使っていこうということです。

家のなかの分業のあり方も、もともとは大家族で分業しているかたちでした。僕も上野村に来たとき、「昔の暮らしがしたい」と思って一度はじめたのですけど、すぐ諦めました。というのは、昔のような暮らしをするためには、年寄りが絶対に要る。年寄りがなんとなく日向ぼっこをしながらやるような仕事をやってくれるから、昔の暮らしができるんです。ところが自分だけでやっていると、余計なことをやっている暇がない。はじめの意図としては「ソバをちょっとつくって、石臼で挽いておいしい蕎麦を食べよう」とか思うのですけれど、そんなことをやっている暇はないのです。あれはやはり、おばあさんか誰かが縁側で石臼を挽いてくれるとか、そういう仕組みがあってこそできる。昔の大家族の分業の仕方があの頃の生活にはよかったのでしょう。だけどいまは仮に大家族のままであったとしてもご飯は炊飯器で炊いちゃうし、いろんな仕組みが変わってしまっているわけです。そうしたら分業の仕方も変わっていく。だけど、家族で分業し合って助け合っていくというあり方そのものは、伝統のかたちだと思えます。

雪も都市環境も有利さになる

それから、農業に限らずいろいろなものがそうなのですけれど、戦後の時代は特に、自分たちに不利なことを一生懸命に探して、その不利なことを克服していくのが歴史の発展だというような精神が蔓延しました。僕でも子どもの頃は「日本は資源がない」と、その不利さを克服するために、たとえば「科学技術を発展させよう」とか、そういうことを学校でも習ったわけです。だけどいまは、そういうふうに不利な面をみる発想ではなく、有利な面を探そうという発想へと徐々に変わってきている気がします(*20)。

「雪害」という言葉ができたのはたしか大正時代ぐらい、山形の人がつくった言葉だったと思います。それまで「雪害」などという言葉はなかった。そこに住んでいる人からすれば、雪が降るのは当たり前だし、また雪があるがゆえに有利なこともあるわけです。たしかに雪降ろしをしなければいけないとか、大変なのはそのとおりなのですけれど、雪が降る有利さを活かした暮らし方、町のつくり方とかそういうものはあるはず。ところが近代化してくると、そういうものも「雪害」というなにか悪いもののようになってしまった。

たとえば山菜などできめんです。僕のいる上野村でも春になるといろいろな山菜が出てくるのですけど、やっぱり雪がないと不利だなあという気がします。ミズも細くて短い。一番すごい差が出るのはウルイかな。うちの村のウルイは繊維ばっかりで誰も食べない。タラとか木に出てくるものはそんなに遜色はない気がしますけど、地面から生えてくるものは、雪のなかから出てくるものには負けます。

だからといって、もちろん上野村の人が「雪がないから不利だ」といって暮らしているわけでもない。こちらでは雪のない有利さを活かすことができるわけで、実際に山の木だって冬に

（＊20）「伝統的なその地域特有の暮らしの文化は、「自然条件の」「不平等」を地域の特徴や、ときに利点にまで高めることによって形成されてきた」❿『**森にかよう道**』（337頁）
「山里での労働は多くが自然条件を利用したものである。……都市の労働は、自然を克服することに大きな目的がおかれている」❷『**山里の釣りから**』（170頁）

伐ることができますし、また、木が雪で曲がらないように雪落としをするなんてことも必要ない。

東京の農業も、見方によってはものすごく有利です。なにしろ周りじゅうに人がたくさんいて、そこに市場があるわけですから、「直売」などと言わなくても直売をいくらでもできてしまう。それから東京の農家の場合、一区画ではマンション経営をやって、農業は好きなことをやるという人たちもけっこういます。ブドウをつくったりワインをつくったり、それで別に生活に困ったりもしないという人もいる。あと、コマツナなどの葉物をつくるにも市場が近いから鮮度の関係で一番有利です。だから東京の農家は意外と跡取りがいます。

あるとき出会った神奈川県の漁民は、大学を出て企業に就職した息子のことを「バカな息子だよ。あんな安い給料で他人にこき使われて」と言っていました。その人は相模湾に面したところの人なのですけど、周りじゅうの漁民たちがみんな釣り客を乗せる遊漁船経営に移ってしまった。土日だけでも安定収入になるからとみんな移っていった。彼はそれがイヤで漁民のままなのです。ところがそうしたら、東京市場は近いし、広大な漁場が自分の専用漁場になってしまった——というのは、遊漁船経営になっちゃうとどうしても潮の見方とか魚の見方とかができなくなって、魚群探知機頼みになってしまうそうです。でも本当は魚群探知機なんかではダメで、それで目安を付けるのはいいとしても、その先はやっぱり自分の読みというのが必要なのだそうです。「相模湾から八丈島ぐらいまで俺の漁場だ」と言っていました。一本釣りで1匹数千円の高級魚だけを釣って、年間数千万円稼いでいるそうです。結局、彼はすべてを有利さに変えていった。それが結果として収入的にも有利さになったのだけれども、たぶん収入的にそんなことがなくても、やっぱり彼は自分の有利さをみている漁民なのだろうなという気がします。

日本の自然が、利他の社会をつくった

自分がいかに不利かという話よりも、「気が付いたらいろいろな有利な面をもっている。それを活かそう」という時代への転換が徐々にすすんできている気がします。それも自分のためだけでなく、人びとのためにもなることでないとなんとなくおもしろくないという気持ちを、多くの人がもっている。これは圧倒的に日本の自然が影響していると僕は思います。

日本の自然は変動が激しいし、第一読めないですよね。「今年の春はどうなりますか」と聞かれても、いまだに「よくわかりません」と言うしかないような一面もあります。上野村でささやかな農業をはじめたときにすごく思ったのだけど、「農業なんて誰でもできるじゃないか」と。少しまじめに土を耕して、まじめにタネを播けば、ある程度は誰でもできる。トップの収量をあげようということになると誰でもできるわけではないけれど、プロの半分くらいでよけ

れば本当に誰でもできる（＊21）。ただ、天候不順のときはなかなかうまくできない。でも、天候不順でもうまくいくよう、まず自分の畑で工夫してみる。相当年季が入らないとできませんけど、それが成功すれば、人に伝播しますから、結果的に皆のためになっていく。

そういうことをしながら生きてきたのが日本の人間たちだったという気がします。「他人のために」じゃなくて、自分のやりたいことをして、だけどそれが結果としては他人のためになっていく。それを理想にする。

それからまた、農業用水をつくれば、自分のところだけ我田引水というわけにはいきませんから、皆との調整みたいなものもどこかで考えないといけない。いまは別ですけれど、日本の稲作地帯は歴史的には水不足の地域が圧倒的に多かった。それは農業用水路がうまく機能しなかったということもあったし、川の水量が変動するということもあります。水量が少ない年でも、自分もなんとか田畑に水を入れられるし皆も困らないようにするにはどうすればよいか、ということをいつも考えざるをえない。

江戸期はそのためにいろいろな工夫をしていた地域があります。一種の水奉行をつくって、その人を自分たちの村の人なのだけれども村役人のように雇って、水に関する一切の権利をもたせるというやり方をとったところも、九州などには多い。水は水田をやっている以上ものすごく大事だから、全員が我田引水になってしまわざるをえないところがあるので、皆で議論をしてもまとまらない。だから独裁的権力をもった第三者を自分たちで立てて、その人の命令に全員がしたがうことを誓約する。村で一目置かれているような人にそれを委託する、というやり方です。

そういういろんな方法を使って生きてきたのが日本人で、そこから「人びととともに生きる」とか「自分が自分のためにやっていることが、結果として皆のためにもなっている」ということを理想にする人が出てきた。

気候変動が激しいというのも不利さといえば不利さなんだけれども、そういうことも地域のあり方にとっての有利さに変えてきた。つまり、ともに生きることを大事にする社会をつくってきたということだと思うのです。それは、日本の自然のなかでは、やはりともに生きるということが必要だったからです。かといって、ただひたすら「皆のために」と生きるわけでもな

（＊21）農業労働の率直さについて――❽『**戦後思想の旅から**』**労働の価値**（167頁～）

（＊22）「共同的な世界を背景にもっているからこそ、一人ひとりの仕事も成り立つのが、村の労働のかたちである」「農村社会［は］他者との関係がうまくいかなければ、自分個人もうまくいかないという考えを生みだした」⓮『**戦争という仕事**』（270頁、302頁）
「農業労働における、個別性と共同性の結合」「[労働者の文化においては］自分の労働の世界を築くことが、同時に協同労働の世界を築くことにならざるをえない」❶『**労働過程論ノート**』（135頁、315頁）

い。自分のやりたいことをやって、自分でやりたい工夫をして、だけどそれが結果としてはめぐりめぐって皆のためになっていく。そういう生き方を理想としてきたのです（＊22）。それも日本の自然のなかで生きてきた農民たちのひとつの知恵だったという気がします。

利他の社会の思想的伝統

大乗仏教社会、日本

僕自身はこれからの日本の人びとのあり方に対して、いろんな問題点はたくさんあるけれども、人びとの生きている世界という意味合いで言うと、そんなに悲観することもないのじゃないかと思っています。

いまから１４００年とか１３００年とか昔になりますけど、紀元５００年代から６００年代頃に中国から当時の仏教がたくさん入ってきました。そのとき日本に入ってきたのは大乗仏教という仏教でした。大乗仏教が社会に入ったのは中国、チベット、モンゴル、朝鮮、日本、ベトナムです。僕はベトナム仏教はよく知らないのですが、中国、朝鮮、日本だけをみると大乗仏教が一番定着したのは日本なのです。中国はお寺はありますけど民衆のなかにちゃんとした定着はしなかったといってもいい。

大乗仏教は、出家仏教に依存するのではなく、民衆仏教として仏教を確立しようという性格をもっている。在家仏教という言い方もしましたが、それは出家者だけではなく、在家の人たちが悟りを開いて成仏していく、あるいは菩薩になっていく、そういうことをめざす仏教です。

インドで発生した仏教は明らかに出家仏教でした。出家した人たちが修行を重ねて、悟りを開いていこうとした。その出家仏教に対して、ちょうど紀元０年ぐらいに大乗仏教運動というものが起きた。ある種、在家からの叛乱みたいなものです。それまでの仏教というのは、在家では悟りを開くことができない、あくまで出家して修行しなければダメという仏教だったのだけれども、それに対して、出家、在家を問わず悟りを開いていくことをめざした。ただし、インドでは定着しませんで、それが中国に渡って中国大乗仏教を形成します。ただ中国大乗仏教は、その後、ある種、出家仏教みたいになってしまって、民衆世界のなかには本当には定着していかなかった。朝鮮でも同じでした。それが、日本にくるとしっかり定着した。チベットやベトナムでも定着していますが。

もともと大乗仏教は、教義仏教ではなくて、民衆仏教、人びとの生きる世界の仏教として生まれた。教義仏教というのは、教義をちゃんと勉強した人の仏教ということで、お寺に入ってしっかり仏教を勉強することが軸になっていく。中国、朝鮮の仏教は、その点では教義仏教の域をでることができなかった。だからお寺の仏教でしかなかった。それが日本にくると本当に民衆仏教化していった。だから逆に教義のほうはあまり重要視されないところがあって、「仏教の教義とは何ですか？」と質問されてもあまり答えられない。だけど、なんとはなく仏教を大事にしている。これが在家仏教のかたちなのです。

大乗仏教に対して、インドからスリランカ経由で南アジアに伝播されたのが上座部仏教で、いまもタイとかミャンマーとかみんなそうです。昔は「小乗仏教」と言ったのですが、いまはあまりそういう言い方はしない。というのは、大乗仏教側が「私たちは乗り物が大きい、あなたたちは乗り物が小さい」と言った蔑称ですから。ただ、大乗仏教側がなぜそう言ったかというと、「上座部系の仏教は自分が修行することとしか考えていない。自分が修行をして自分が解脱して菩薩になる。それだけしか考えていないのじゃないか。それでは仏教の本質から外れる」と批判したのです。大乗系は自分の修行が皆のためになる。みんなが悟りを開いていく世界をつくる。だから自分の修行なんだけれどもそれが自分のためではなくてすべてのためになっていく。仏教はそれを追求しないといけないという言い方をしたのです。

それが日本にストンと入ったというのは、日本にはもともと、自分の行いを通して、それが結果としては皆の役に立つ、ということを理想とするような精神があった。そこに大乗仏教の考え方が入ってくると、なんとなく皆が納得してしまったという感じでしょう。別に経典とかを勉強したわけではないのだけれども、なんとはない大乗仏教社会が日本にできていった。

密教も日本的に展開した

一方で、同じ６００年代頃、中国では大乗仏教と一緒に密教が台頭してきます。

密教というのは３００年代ぐらいにインドで発生してきたものです。紀元３５０年頃、インドではヒンズー教が台頭してきます。ヒンズー教は呪術をいっぱいもっていました。加持祈祷みたいなもので病気を治すとか、そういう式のものでいまでもやっています。ヒンズー教がそういうもので民衆の支持を得て、仏教が圧迫されていくという歴史が起こりました。そのときに仏教の側からも呪術を取り入れようという人たちが出てきて、それがインドの密教運動を起こしたのです。はっきり言えば「ヒンズーの呪術よりも仏教の呪術のほうが効果がありますよ」という、そういう争いになった。それがまた中国に渡っていく。ですから中国の初期密教は、呪術で病気を治すとか、さらには出世できるとか、金持ちになるとか、王様によく思われるとか、本当に現世利益の権化みたいな感じになっていきます。

それが日本に入ってくるわけです。ところが日本に入ってくると、そういう極端な個人の現世利益みたいな話は吹っ飛んでしまいました。それよりも皆のためになる呪術のほうが重視されるようになった。なかでも一番重要だったのが雨乞い、それから台風のときなどの雨止めです。どのぐらい効果があったのかはわかりませんけれども。

つまり、日本では自分の利益になるということだけでは密教は定着しなかった。皆の利益になるという部分をつくることによってはじめて定着したのです。

その後に密教からは、「ただ呪術をすればよいことがあるというのでは、仏教として本当にまともなのか」という議論が起きてきます。こうして大乗仏教的な要素を取り込みながら中期密教ができあがっていく。

密教は、初期密教、中期密教、後期密教という三つに区分されると言われています。呪術的要素のきわめて強い初期密教と、次に大乗仏教的なものを取り込んだ中期密教。空海がもってきたのは中期密教です。その後でもう一度、インドのほうで、呪術の内容を変えたような密教が出てきて、それを後期密教というのですけど、これは日本には入ってきていません。

インド、中国から入ってきた個人の利益を追求する密教も、日本では個人の利益ではなく皆の利益という方向に向かっていった。これができたのは大したものだと思います。

「皆の利益」の追求

とどのつまり、個人の利益は日本では定着しない。戦後、皆が個人の利益を考えるような社会に向かったのですけれど、結局これは定着しなかったのではないかと僕は思っています。つまり完全にアメリカのようになることはできなかったということです。どこかに「皆の利益とともに我々はいるのだ」というような気持ちがあって、そういうものを消し去ることはやはりできなかったのではないか。いま、個人の利益をますます追求している人はもちろんいて、その人たちは仮想通貨を買ったりいろんなことをやるわけですけれども、ああいう動きというものを、かなり多くの人たちは「冴えないことをやっているな」というふうに思ってみている。「ビットコインが儲かりそうだから、俺も買おう」という方向にはなかなかいかないわけで、「そんなことよりもっと大事なことがある」というような気持ちが強いといってもいい。

そういう動きが表面化してきているのが最近の若者の動きでもあります。自分の利益だけを追求するのがイヤになっていて、もっと違う生き方をしたいというような人たちが、いろんな模索をしているとも言えるでしょう。

農村でも、自分の利益だけをガリガリ追求しているみたいな人って、「なんかあいつはイヤだな」とみられる雰囲気がやはりあって、「村があってこそ我々がいる」とか、そういう価値観を結局なくすことはなかった。むしろいまそれがもう一度再評価されるという流れになっている。

日本では、いっとき個人の利益の追求に向かうことがあっても、それは結局定着しない。むしろ「皆があってこその利益」みたいな方向にいく。そういう歴史がどうも古代からあるようだという気がしてきて、だったらまたそういう方向にいくのではないのかと思うのです。

つながり合う世界

では、なんで皆の利益なのかというと、日本のそういうもののとらえ方というのは、とどのつまり「我々はいろんなものとつながって生きている」という生命観をもっているということからくるのです。自然ともつながりながら生きているし、人間どうしもつながりながら生きているし、あらゆるものとつながってこそ私たちは生きているんだと、単体で生きているわけではないと、そういう感覚をもっている。

それは、ひとつはやはり日本の自然が与えたものかもしれません。日本の場合、災害が多い自然と一緒に暮らしているわけで、何かあったときには「自分だけで生きている」といくら踏ん張ってもうまくいかないという一面をもっている。そこから来る教訓があるのかもしれない。それから日本の稲作農業が、やはり共同ということをある程度考えないと成り立たないものので、用水路管理でもなんでも、皆でやってこそうまくいくというような社会をずっとつくってきたということもあるでしょう。

人びとがどんなふうにつながりをとらえていたのかというと、それは、どういうふうにあるのかは目にみえないかもしれないけれども、奥のほうではつながっているのだというものです。たとえば自然とのつながりでも、よく都市部の人、東京の人なんかだと「上野村ならいいかもしれないけど、我々は自然と言われても何もない。だから自然とつながりようがありません」という言い方をよくされるのだけど、それはきわめて近代的な発想です。伝統的な発想というのは、つながりとは目にみえるつながりもあるけれども目にみえないつながりもあって、むしろ目にみえないつながりを大事にしてきた。東京に住んでいると、確かに自然との目にみえるつながりはきわめて薄いということになるのですけれど、でもやはり我々は自然とつながって生きているという、そっちのほうを重視してきたのが日本の発想なわけです。

「我々は単体ではなくて、つながり合って生きている」というのが最終的には大乗仏教の基本みたいになっていくのですけど、そういう意識をもっている人たちからすると、「つながり合う世界がうまくいってこそ、自分もうまくいく。だから、つながり合う世界を混乱させてはいけない」という発想になるのです。

日本の密教の呪術も、「つながりがうまくいっていれば悪いことは起きない」という発想なのです。当時は自然もふくめてそういうふうに考えていました。災害のように自然で悪いことが起きてくるというのも、つながり合う世界のなかになんらかの邪悪なものが入っていて、そのためにつながりがうまくいかなくなっていて、それが個別の現象として災害を起こしたり、ときには人間関係がうまくいかなくなったり、いろいろなことが起きるということです。たとえば、ある人がイヤな人で自分とはウマが合わないとすると、それはその人がイヤなのではなく、つながりがうまくいっていないからイヤな人として登場するということです。現象としては「あの人がイヤ」となりますけど、「だからその人を修正しよう」とは考えません。「どこのつながりにまずさがあって、あの人はイヤな人になってしまったのか」と考える。つながりの修正をしなければダメだということです。つながりのなかに入っている邪悪なものを取り除くというのが日本の密教の呪術なのです。それが農村的世界では雨乞いであったりする。それから人間の病気を治すのも、「自然とのつながりがうまくいっていないから病気になる。その人と自然とのつながりのなかにある邪悪なものを取り除こう」という発想だったわけです。

つながり合う世界のほうに本質をみてきたという古代からの日本の発想があったために、「祈祷すれば出世する」式の、自分の利益だけの宗教や呪術は定着しなくて、むしろ排斥されて、全体の利益のほうを重視する仏教ができあがってきた。ですから、大乗仏教の基本的な考え方もむしろ日本でよく定着した。そういう歴史をもっているのです。

戦後の日本はそういう考え方を痛めつけて、「自分のために生きましょう」という時代をつくりました。そこで洗脳された人もたくさんいます。でも、結局、個人の利益の社会には移りきれなかった。そういうものが展開しはじめてわずか半世紀ぐらい経つと、もうそれに嫌気がさす人がたくさんでてきた。そしていま、若い人たちのなかからも、自分の利益だけ考えるのはイヤだ、個人の利益の追求とは違う生き方をしたいという人たちがでてきています。やはりここでも伝統回帰が発生しているのです。もしかすると、これからおもしろくなっていくかもしれないという気持ちを強くもっています。

農業が発信できるもの

伝統回帰のために新しい手段を活用する

いまでは、近代とか資本主義の展開によって壊れてしまったものを取り戻そうという、むしろそういう発想をもつ人が生まれてきている。そこに伝統回帰がある。ただし、昔そっくりのかたちを取り戻そうというのではなくて、やり方はいろんな工夫をしていく必要があるし、また道具としてもいまはインターネットが使えるし、交通手段も昔と比べたらはるかに移動しやすくなっているし、いろいろなものがあるので、使えるものは使いましょうということです。

ただし、それはすべて微妙なもので、インターネットでも道具として使えれば非常に便利だけど、インターネットに振り回されるようなことではかえって問題がある。

さっきの話の地域通貨もそうですけど、発行するまでに十分議論をしていくと有意義なものになる。ところが非常に利便性の高い通貨をつくると、かえって当初の思いと違ってしまうところが出てくる。すべて微妙なところがあるのです。インターネットもそうで、道具として使えればうまいところがある。農機具だって、トラクタを道具として使えればそれは便利なのですが、農機具を揃えるのが目的となったりすると、農機具に振り回されて生きているみたいになってしまう。すべてそんなものです（＊23）。

資本主義的価値観の清算へ

第2講でケインズという人について話しましたが、僕はケインズは新しい思想家の一人だという気がします。というのは、ヨーロッパの発想の根底には、「最終的には矛盾のない素晴らしい社会をつくる」というのがあった。それはやはりキリスト教社会がつくってきた発想でもあります。もしも神の教えを皆がしっかり守って生きる社会ができれば、なんの矛盾もないわけで、素晴らしいこの世の天国みたいなのができると言ってもいい。それは難しいとしても、死んでからは天国に行くことができる。天国は矛盾がない社会で、みんな享楽的にではなく、正しく幸せに生きる。こういう発想の底には、「どうやって矛盾のない社会をつくるか」という考え方を根底にもっていたのです。社会主義もそのひとつの回答でした。つまり、「社会主義を実現させて最終的に共産主義社会ができれば、あらゆる矛盾がなくなって、人間たちがひたすら幸せに生きることができる」という発想だった。だからこれはキリスト教がめざした理想の王国を別のかたちで語ったと言ってもいい。社会主義者は「キリスト教なんかアヘンだ」と言って、違うことをめざしたようなことを言ったのだけれど、じつは発想は同じなのです。ヨーロッパの思想にはそういうのがたくさんある。最終的には理想の社会をつくろうとする（＊24）。

ところが、ケインズは「理想の社会はできない」と言っているのです。「社会はいつも矛盾がある」と。だから彼は「資本主義は現状のシステムのなかでは一番ましだ」と言いながら、「しかしそれは貨幣愛の社会をつくって、いつかは自ら滅んでいく。だからそれに対して国は手を打て」という言い方もしている。かといって、国が手を打ったら解決するとも言っていない。腐敗・堕落を遅らせることができるだけで、遅かれ早かれ自滅していく。ただ、他のよい

（＊23）「物が豊かになっていくっていうことは……そういう物がなければ暮らしていけないような不便な人間に変わっていってしまうことなんだ」❼『**続・哲学の冒険**』（58〜59頁）

（＊24）「主体の外にある理論は、主体の解放としての革命と結びつくことはできない」❶『**労働過程論ノート**』（126頁）

キリスト教的合理主義と貨幣の関係について、❻『**自然と人間の哲学**』（58〜60頁、85頁前後）

システムがみつかるまではともかく自滅を引き伸ばせと言っているだけなのです。これはつまり、矛盾なき社会はつくることができないと言っているわけで、むしろ矛盾を少なくする、健全さを少しでもいいから大きくするとか、それしかないという経済学なのです。そういう意味でこれは欧米では新しい発想だなと思います。

いまの哲学の流れも、そういう点ではケインズ的です。「理想の王国ができる」という発想ではなくて、「いつの時代も矛盾だらけだ」という方向にきている。自然と人間の関係をみても矛盾がある。理想の自然なんてない。「ありがたいな」と思っていたらひどいことをしてくれるのが自然なのです。そういうものとともに生きてきたから人間たちは知恵を使ってきた。共同体もそうで、理想の共同体はありません。共同体もいろんな問題を抱えているのです。ただ、問題を自分たちで解決してきたのが共同体で、そこが共同体のすごい力なのです。いまみたいに「行政に駆け込んでなんとかしてもらおう」という社会のほうが力がない。こういう点でも、今日では、すべてのものに矛盾があって、そのことを前提にしながら、でも矛盾を自分たちで解決できるという社会をつくろうと、むしろ現代ではそういうふうに考える人がふえている(＊25)。

いま言ったような伝統回帰のようないろんな動きも、特に日本の場合、個人の利益を皆がめざしたら、むしろ「なんか大事なものがなくなっちゃったな」「この方向性でこれからもいくのはイヤだな」と、資本主義がつくった価値観みたいなものをそろそろ清算したくなった人びとが生まれる、だんだんそんな感じになってきました。その結果として、ほどほどに市場経済と付き合いながら、でも資本主義の原理にはしたがわないという、そういう動きをつくる人びとを生み出しはじめている時代なんだろうと思います。

農業がもっている蓄積

そういう視点でみると、農業はもともと半市場的な経済として展開してきたのです。農業も自給だけの農業だったら別ですけれども、農業所得で暮らしていくとなれば、市場経済とも付き合っていくのは当然のことです。だけど市場経済の論理にのみ込まれてしまうのはちょっとイヤだと。だからそこではいろんな工夫をしていく。自分たちで消費者とつながっていく人たちもいれば、直売所を共同でやっていこうという人たちもいる。市場出荷はしているのだけれども、自分の農業のあり方としては、効率的とかお金になるとか、そういうことにとらわれない農業をしていこうとか。そういうふうにいろんなかたちで工夫してきたのが日本の農業であったという気がします。もちろんそのなかで国のシステムにしたがったり、結果的に

（＊25）「矛盾を当然のこととして受け入れてきたのが、村人の精神だった」⑮『共同体の基礎理論』（61頁）

は市場に支配されてしまったということもたくさん発生はしたけれども、結局まだ市場経済一色にはできていない。ほどほどの市場経済という話では、農業が一番蓄積をもっているはずなのです。

都市住民が気づく時代へ

そういう点で、農業はもっと、発信したり提供したりできるものをいろいろもっている。このことに、農民自身が、というよりも非農民のほうが気づいていく必要性があるのだと思います。農民の側が気づいてくれればそれはありがたいですけれども、農民は作物づくりはうまくても発信するのはあまり得意でない人がたくさんいるわけで――別に発信が商売ではないから当たり前ですけど――、むしろ都市住民のほうが「農民の世界ってこういうものがあったのだ」と気づく。そういうことがこれから重要になっていくという気がします。そういうふうに気がつく都市住民がふえていくと、そういう方向に農民たちはますます向かい、良い循環を生みだしていく。そういうものが形成されつつあるのがいまの状況なんだろうという気がしています。

東京でもいま、「ソーシャル・ビジネス」とか「社会的企業」とか、そのなかでフェアトレードをやっている人とか、けっこういろいろな人がいます。その人たちは具体的には新しいことをやっているのだけれども、みていると農民的なのです。市場経済のなかでちゃんと売る。それで自分たちの生計も立てている。農家ではないのだけれども、農家と共通する世界みたいなものをもっていて、そこで新しい仕事をつくっていく。こういう人たちがたくさんいます。

最終的には、そういうこともふくめて、農民の時代、百姓の時代に戻る。そういう動きがこれから少しずつふえるのではないかと思っています。

第4講　今日の経済について

経済指標が有効性を失っていく

GDPが計算できなくなってきた

冒頭から言っているように、いままでの基準がだんだん通用しなくなった世界が生まれてきたと僕は思っています。それはいろいろな統計上にも現われています。たとえば「経済成長が今年は何%だ」とかいろんなことを言うのですけど、GDPの計算もだんだんできなくなってきたというのが現在の本当のところなのです。

たとえば皆さんが農産物をつくって出荷すればGDPに計上されるわけですけど、それを他人にあげちゃったらばGDPにならない。売った場合でも、直接売って直接収入を得たりするとそれもまたGDPに計上しがたい。

考えてみるとGDPって昔からちゃんとした計算はできていませんでした。昔の社会だったら、いまよりもっと他人にあげたり隣近所で回しあったりしていた。だからGDPにならない生産が昔の社会にはたくさんあった。それがいま新しいいろんなかたちでできてきた。たとえばインターネット上でメルカリなどを使って自分の家の不用品を販売した。これは、GDPに反映しない。中古品はＧＤＰに反映しませんが、仮に手づくりの新品を売ったとしても、そういうものを全部チェックしていく能力がどこにもない。インターネット通販はかなりがＧＤＰから漏れるし、実際にはいまはそういう分野が大きくなってしまった。その一方で直接あげたり売ったりというのも、一時はだいぶ衰弱してきたけれど、これもまた一部では回復している。こうしてＧＤＰに換算できない経済、把握できない経済がふえてきている。

さらに世界でいまどのくらいの通貨が流通しているのかもじつはわからなくなっています。各中央銀行が発行している通貨の総量はわかります。それがこの間に、日本もアメリカもヨーロッパも金融緩和をしてきたものだから通貨発行量がものすごくふえていて、世界でいまだいたい８０００兆～９０００兆円くらい通貨が発行されていると言われています。８０００兆円と言われても、本当に「それ、いくらなんですか」と聞きたくなるような数字です。もはや私たちの世界を回っているお金という感覚しかない。実際そのお金が行き場を失い、投資に使われているわけです。だから金融緩和をしても我々の生活に関係しないし、実際のモノづくりの世界にも関係しない。ただお金が世界を駆け巡っていくだけ。そういう状況が発生しています。

そして、どのくらい金融投資がおこなわれているかというと、さらにまったくわかりません。１秒間に10億回も売り買いをくり返されると、たとえば１億円の売買だとしてもその10億倍の通貨が行き来したということになっちゃうわけで、ですから天文学的な数字になってしまう。

それから、仮想通貨みたいなものも出てくるし。仮に１００万円分の仮想通貨を買おうと思ったら、１００万円のお金を用意しなくても構わないのです。10万円の証拠金で１００万円分の仮想通貨を買ってしまうことが実際にはできます。この場合、仮想通貨の価値が１割上がってくれれば、10万円の投資で10万円儲かる。逆に言えば、価値が１割減少しただけで投資分がゼロになってしまうということですけど。だいたい仮想通貨は証拠金の10倍ぐらい取引できる。為替でもそうで、ＦＸなんか最大１００倍ぐらいまでできます。簡単に言うと、１００ドルの証拠金で１万ドルを買えるわけです。国によっていろいろな規制があって、日本はあまりにもひどかったので10倍ぐらいに規制しているのじゃないかと思うのですが。

そういうことをする人たちは、西インド諸島の国などを租税回避地、タックスヘイブンとして使いながらやっています。

たとえばグーグルとかそういう会社は、アメリカでは一面ではあまり評判がよくない。なぜかというと、ネット検索ではグーグルが世界制覇しつつあると言ってもいいのだけれど、ああいうかたちで世界制覇されてもアメリカのなかでは雇用はふえない。世界制覇していくということは、日本では日本語でグーグルが使えるということですから、そのためにはそれぞれの国に要員を雇い、別にアメリカに人を集中させるわけではない。それに、グーグル自身がハードをつくっていないから、製造工程で人を雇うこともない。だから「アメリカ社会に貢献しているのか？」となるわけです。それはグーグルだけを批判することもできなくて、世界中どこの企業もそんなことをやっているわけです。

何をもって「経済の拡大」？

ですから、いったい何を強化したら自国の経済を強化できるのかという、そのことがわからないという感じなのです。ユニクロが力を付けても、ユニクロで売っているものの製造工場は日本にはなく、全部中国でつくっていた。最近では中国も人件費が上がってきたからバングラデシュでつくったりとか、そういうのもふやしてきている。日本で販売員は雇うかもしれないけれど、つくっている人はまったく雇っていないわけです。そうすると、「ユニクロが伸びたから何なのですか？」という話にだんだんなってきてしまう。

もしも中国経済が破たんして、中国でモノが売れないというような事態が発生すると、最初に倒産しかねない大企業はドイツに本社があるフォルクスワーゲンだったりするかもしれません。フォルクスワーゲンの車というのは圧倒的に中国製ですから。中国で売れている間はいいのですけれど。

そういう状況でいろんなものが回っているので、いったいどこに視点を合わせたら「国の経済が拡大する」とか「GDPが伸びる」とか言えるのか、それがわからない時代になっている。古い感覚で統計をとってみても、統計の意味がないのじゃないかというのが実態です。一応、指標は出さないといけないから出してくるのだけれど、信頼度は低い。そもそも統計自体がだんだん陳腐化しはじめたという感じです。

これまでの常識が通用しない

バブル経済の定義はない

経済で「バブル」という言葉があります。たとえば最近の東京の不動産価格などかなり上がっているので、警戒する人は「これ、バブルじゃないか」と言っている。そのうちにバブル崩壊が起きて価格が一気に下がるのじゃないかと言う人もいれば、「いや、そうはならない」と言う人もいます。ところが、じつはバブルというのは定義がないのです。単に、バブル崩壊が起きたときに「いままでのはバブルだった」と言っているだけなのです。つまり東京の不動産価格が上がったといっても、その価格水準がこのままで維持されていけば、適性水準になった、つまりバブルではないという話になる。それが何かの弾みでガクッと下がれば、「いままでがバブルだった」という話になる。それだけの話なのです。

いまの株価がバブルだというのもまったく同じことで、多少は上がったり下がったりしてもこの水準が維持でき、あるいは少し上がるというようなことができれば、バブルでないことになるし、この後ガタガタッと下がってしまえば、「これはやっぱりアベノバブルだった」という話になる。つまり、まったくそういうものについて根拠がない。そういうかたちで経済が語られているのがいまの本当のところなのです。

「円高」「円安」も根拠はない

為替もそうです。たとえば、１週間前は１ドル１１０円超だったのが、いま１０５円ぐらいになった。これは円高なのか円安なのか？　１週間前と比較すれば円高と言えるわけですけれど、円高・円安というのも何も根拠はないのです。

昔は多少根拠がありました。というのは、為替レートがいくらになるかは貿易収支で決まっていたからです。仮に日本が１００億ドルアメリカに輸出して輸入は80億ドルだったとすると、20億ドル輸出超過になっていますから、それがいずれ為替で修正される。その20％分だけ円高がすすんで、均衡になる。こういうふうに動くと言われていました。

でもいま実際に動いているお金は、そういう輸出入のような実態とはかけ離れています。実態をはるかに超える投機的なお金が動いていて、それが何倍なのかまったくわかりません。少なくとも100倍以上は動いています。そっちのほうで為替が動いちゃっていて、貿易収支が赤字だったからとか黒字だったからという話はまったく通用しません。

その代わりとしていま一番信用されているのが、平価購買説です。これは、同じような物をたとえば東京で買ったら1000円、ニューヨークで買ったら10ドルだったとすると、1ドル100円でトントンになりますから、為替レートは長期的にそこへ向かって移動するというものです。ただこれも、他に手がないから一応これを目安にしようというだけです。実際には平価購買って非常に難しくて、たとえば「100gの牛肉のステーキが東京ならいくら、アメリカならいくら」と言ってみても、そもそも使っている肉が違うし、食生活も違うし、そこで同じ料金だと計算したって意味があるような意味がないような、そういうことがいっぱいあります。それからマスクメロンなどだと、東京の高級果物店には1個5万円というのがありますが、仮に2000~3000円のマスクメロンとしても、こんなのをつくっているのは日本だけです。これをアメリカのマクワウリの親分みたいなのと比較しても、意味がない。実際には消費的な世界というのは、歴史的なものとか食文化的なものとか、いろんなものが介在してできているので、そもそも比較することが難しい。ただ、しょうがないからいくつかモデル的な商品で計算してみているだけなのです。指標になる商品にどれをとるかで計算も変わってきます。つまり実際のところはちゃんとした数字の話ではないということです。

要するに、いまの経済は、すべてがちゃんとした認識をすることさえできない。そういう意味で本当に仮想経済化していると言ってもいいぐらい変化しています。

はじめてのことだらけ

そのうえに、いろいろなはじめての現象も発生してきています。たとえば、「経済成長すると労働力不足になるから賃金が上がっていく。その結果として格差が縮小する」というのがだいたいいままでの法則でした。実際に高度成長期はそういう方向だったので、戦前のような格差社会はなくなって、上も下も賃金がそんなに大きく違わないような社会をつくりました。ところがいまは、世界的に、経済成長すると格差が拡大するというふうになってしまった。統計的にもそうなっています。こういう経験もじつは過去にはないのです。そういうことを説明できる理論が実際のところない。

さらに、何が実体経済なのかということがだんだんわからなくなってきた。たとえばパソコンのソフトもいまは、１年ごとの年会費制みたいな契約のかたちをとるところがふえてきました。そうすると、物を売っている会社ではなくて、使う権利を会費制で売っているみたいな感じになってきています。買うほうからすると、お金を払って買っても自分のものにならない、自由にならない。物としては何も買えなくて、ただ1年間の契約だけが買えるという感じです。仮想ソフトを買っているのか実体のあるソフトを買っているのかよくわからない感じになってきちゃう。

あらゆるところでそういうことがすすんでいて、本当に何が実体なのかよくわかりません。たとえば経済ニュースをみていると最後に「今日のアメリカの原油価格は、ニューヨーク原油は1バレルいくらです」とかでてきたりする。それをみて上がった、下がったはわかるのですが、いま、原油価格といってもほとんど投機マネーによって決定されているので、本当に需要がふえて供給不足になって値上がりするというわけでもないし、逆に値下がりするわけでもない。ただ投機マネーがどう動いているかしかわからない。原油価格が原油の実体を反映していないのです。実体経済とは何のことなのかもだんだんわからなくなってきているのがいまの時代です。

そこに今度は中国が入って、ますますわからなくなってきました。いままでは、「途上国であればあるほど地下経済のウエイトが高く、経済発展にしたがってそれが低下する」というのが常識でした。地下経済というのは暴力団の経済のことではなく、GDPなどのかたちで表にでてこない経済のことです。途上国であればあるほど、助け合いのなかで回す経済がたくさんあるし、裏稼業的な世界みたいなものもたくさん残るので、表にでてこない経済が大きい。それが経済発展してくると、いろんなものがシステム化されていく。あげたりもらったりする経済が減って売り買いの世界になる。雇用されて働く人がふえれば、その給料が表の統計に計上されてくる。裏の闇金融みたいなものもだんだんやりにくくなってくるから、高利貸しも表の金融というか、銀行のカードローンみたいなものに移っていく、というわけです。

ところが中国はまったく違います。中国は、表の経済が発達すると裏の経済も発達するという不思議な国なのです。それが賄賂経済だったりする。しかもその規模が非常に大きい。その裏のお金がまた世界にでていったりする。これがどう動いているのかさっぱりわからない。つまり本当に「よくわかりません」だらけなのです。

「大きければいい」時代の終わり

ただ、ひとつはっきり言えることは、かつては大企業であればあるほど強かった。中小企業は弱い会社だった。それが一部で完全に逆転しはじめています。中小企業でしっかりした技術をもっていたり、あるいはしっかり地域社会に根を張っていたり、そういうところが強いという時代に移りはじめました。

スーパーマーケットもそうです。大手スーパーはみんな大苦戦で、本当に儲からない産業になっている。ところが地域を基盤にする、主に食品スーパー、せいぜい2〜3店舗とか、多くても5〜6店舗しかないようなスーパーですけど、そういうところが意外と健闘している。地域社会に根を張っているようなところは意外と状態がいい。でかいスーパーが強いというのがじつは終わりかかっているということでもある。

長野県の田舎のあるスーパーもお客さんでいっぱいになっています。駐車場はコンクリートを打っていないから雨の日は水たまりに車を停めていたり、店のなかは床がないから土のままとか、ネコが3匹ぐらいいたりして、掘っ立て小屋が立っているみたいなスーパーです。そこは「もち込んでくれれば何でも買います」というところで、本当に何でも売っている。たとえば家を建て替えることになった人が、中古の仏壇とかを、「もう要らないから」ともってくる。ただ、社長——長靴をはいている——に話を聞いたら、「もち込んだ人が一番買ってくれる」のだそうです。中古の仏壇をいくらで買い取ったかわからないけれど、それをもってきた人はお店のなかを一回りして、結局受け取ったお金以上の買い物をして帰っていく。だから「どんどんもち込んでください。なんでも買いますから」と、本当に店の3分の1くらいはガラクタ骨董屋みたいな感じでいろんなものがある。で、その横で食品を売っているというような感じです。だけど地元ではしっかり根を張っている。こういう店がじつは意外と強い。

そういうことがいろんなかたちで発生しています。第1講でも言ったように完成品をつくっているメーカーより部品をつくっているメーカーが強いというのもそのひとつです。それからいま僕が一番感心しているのは、100円ショップって、できたころはメイド・イン・チャイナの山だったのが、いまは3分の2ぐらいメイド・イン・ジャパンに替わっています。プラスチックの成形技術をもっている中小企業などが、「下請けじゃなくて自分たちのものをだしたい」と、若干の設備投資をしながら人手をかけずに安くつくる技術を自分たちで改良しながらつくってきたのです。そうやって、中国製以上のものをつくってきた。そういうようなことをやる力が中小企業にある。大企業というのはこの手の話は絶対無理ですが。

「でかければすごい」という時代は終わってしまった。そういう面でもいろんな分解がはじまっています。

資本主義の終わりがみえてきた

この間の日銀の政策のように、伝統的な金融政策とかあるいは国の財政政策とかがもう通用しなくなっている。いまの金融緩和も、目標はインフレづくりにありました。簡単に言えば、インフレを起こして物価を倍にすれば、日本の国債は半分になっちゃいますから。ところが、これだけ金融緩和をしてもインフレにならない。全然効果がなくなったということです。公共事業もそうで、国が公共事業をふやしても経済浮揚策にならないというのも、これも10年ぐらい前から言われているのに、依然としてやっている。そのために東京などは本当に道路工事が多くなって、夜は走りにくくてしょうがないのですけど、だけどもう実際にはなんの効果もない。こんなふうにお金を無駄遣いしているのがいまの状況です。

つまりいままでの基準でみていたものが片っ端から通用しなくなっている、そういう時代なのです。資本主義なりの統制とか支援ができなくなってきたわけで、やっぱり資本主義もそろそろ終焉の方向に向かっているということでしょう。

著者紹介

内山　節（うちやま・たかし）

哲学者。1950年東京生まれ。東京と群馬県上野村を往復しながら暮らしている。主な著書は『内山節著作集』（全15巻、農文協）に収録。近著に『日本人はなぜキツネにだまされなくなったのか』(講談社現代新書)、『いのちの場所』(岩波書店)、『修験道という生き方』（共著、新潮社）、『内山節と読む世界と日本の古典50冊』（農文協）など。立教大学大学院21世紀社会デザイン研究科教授(2010年4月〜2015年3月)などを歴任。NPO法人・森づくりフォーラム代表理事。『かがり火』編集人。「東北農家の二月セミナー」「九州農家の会」など講師。

内山節と語る　未来社会のデザイン

2　資本主義を乗りこえる

2021年3月15日　第1刷発行

著　者　内山　節

発行所　一般社団法人 農山漁村文化協会

〒107-8668　東京都港区赤坂7丁目6－1

電話　03(3585)1142(営業)　03(3585)1145(編集)

FAX　03(3585)3668　振替　00120-3-144478

URL　http://www.ruralnet.or.jp/

ISBN978-4-540-20177-6

〈検印廃止〉

DTP製作／(株)農文協プロダクション

印刷・製本／凸版印刷(株)

定価はカバーに表示

乱丁・落丁本はお取り替えいたします。

内山節と読む　世界と日本の　古典50冊

●やさしい文体でつづる哲学者の読書指南

１９６０年代後半、学生運動の時代に高校生活を送った内山節は、独学によって哲学を学び、自然と人間の関係、時間や共同体をめぐる独自の思想を構築していった。本書は著者の思想形成とかかわりの深い選りすぐりの50冊を、地域から社会をつくり直すという今日的視点から読み直したものである。哲学・思想、政治・経済・社会、科学論・技術論・労働論、文学・紀行・評伝、宗教と多岐にわたる古典の読書案内であるとともに、内山の読書術や思想の背景を知る手がかりともなる。

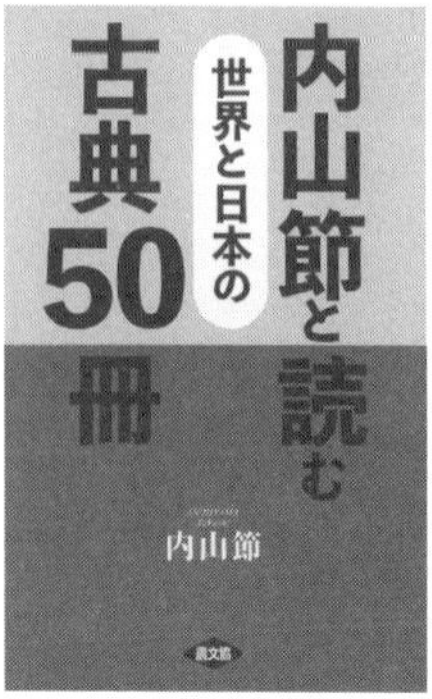

2,500円＋税

哲学・思想　ブルトン『シュルレアリスム宣言』カミュ／サルトル『革命か反抗か』マルクス『経済学・哲学草稿』など

政治・経済・社会　トクヴィル『アメリカの民主政治』ヴェーバー『職業としての政治』ゲゼル『自由地と自由貨幣による自然的経済秩序』宇野弘蔵『恐慌論』など

科学論・技術論・労働論　ルフラン『労働と労働者の歴史』ホッジス『技術の誕生』など

文学・紀行・評伝　伊藤整『近代日本人の発想の諸形式』赤松宗旦『利根川図志』など

宗教・信仰　『歎異抄』『チベットの死者の書』『日本霊異記』『往生要集』『維摩経』『華厳経』など

内山節の本

ローカリズム原論——新しい共同体をデザインする

◉3・11後の生き方、社会のあり方を指し示す

２０１１年前期の立教大学大学院21世紀社会デザイン研究科での講義「ローカリズム原論」をもとにしている。開講直前、３・11東日本大震災と東電福島第一原発事故に見舞われ、内容を一部変更して実施された。講義録に全面的に加筆。著者は３・11後の社会以前から「関係性の再構築」の流れが生まれつつあり、それが3・11によって加速するとみている。そのときベースとなるコミュニティや、その基層的精神のよりどころとなる風土をどうとらえるか。これからの社会の再構築に向けた主体や社会デザインの方向をわかりやすく語る。

1,800円＋税

●第1講　コミュニティをどうとらえるか
●第2講　日本と欧米の社会観を比べてみると
●第3講　日本人にとって個とは何か
●第4講　共同体は単一ではなく多層的なものである
●第5講　日本の近代化は共同体をいかにしてこわしてきたか
●第6講　国民国家・市民社会・市場経済への反撃がはじまった
●第7講　風土論でローカルな世界をとらえる
●第8講　人間にとって主体とは何か
●第9講　「個としての主体」という牢獄
●第10講　復興のグランドデザインと価値の共有―３・11後の社会をデザインする

（価格は改定になることがあります）